Heinrich Brunn
Griechische Götterideale

Brunn, Heinrich: Griechische Götterideale
Hamburg, SEVERUS Verlag 2012
Nachdruck der Originalausgabe von 1893

ISBN: 978-3-86347-254-2
Druck: SEVERUS Verlag, Hamburg, 2012

Der SEVERUS Verlag ist ein Imprint der Diplomica Verlag GmbH.

Bibliografische Information der Deutschen Nationalbibliothek:
Die Deutsche Nationalbibliothek verzeichnet diese Publikation in der Deutschen Nationalbibliografie; detaillierte bibliografische Daten sind im Internet über http://dnb.d-nb.de abrufbar.

© **SEVERUS Verlag**
http://www.severus-verlag.de, Hamburg 2012
Printed in Germany
Alle Rechte vorbehalten.

Der SEVERUS Verlag übernimmt keine juristische Verantwortung oder irgendeine Haftung für evtl. fehlerhafte Angaben und deren Folgen.

seVerus

GRIECHISCHE
GÖTTERIDEALE

IN IHREN FORMEN ERLÄUTERT

VON

HEINRICH BRUNN

Vorwort.

Im ersten Jahre meines römischen Aufenthaltes, im Frühjahr 1844, folgte ich der Einladung des in den damaligen »hyperboreischen« Kreisen wohl angesehenen hannoverischen Gesandten August Kestner, ihn auf einer Reise nach Neapel zu begleiten. Dort lenkte er meine Aufmerksamkeit auf den marmornen Kolossalkopf der Hera Farnese als auf ein Werk, das einer höheren Wertschätzung würdig sei, als ihr bisher zu Teil geworden. Die einfache Grossartigkeit dieses Idealkopfes machte auf mich einen nicht minder entschiedenen Eindruck, und diese Wirkung steigerte sich bis zu dem damals fast ketzerischen Gedanken, dass der farnesische Marmor sogar berufen sein dürfte, dem damals unbestrittenen Ansehen der Hera Ludovisi den Rang streitig zu machen. Es schien mir eine Aufgabe, würdig eines jungen Archäologen, einer solchen Anschauung auch in weiteren Kreisen Anerkennung zu verschaffen. Aber auf welchen Wegen? Forschungen über Götterideale, die über poetisch-rhetorische Schilderungen hinausgingen und als Vorbild hätten dienen können, gab es nicht. Sofort eine neue, methodisch abgerundete Betrachtungsweise einzuführen, musste mir natürlich fernliegen. Nur über einen Punkt entwickelte sich bei mir, noch nicht eine klar bewusste Überzeugung, aber doch eine ungefähre Vorstellung: dass nämlich die geistige Wirkung, welche ein plastisches Werk in uns hervorruft, sich nicht erfassen und bestimmen lasse als eine von der körperlichen Erscheinung völlig losgelöste, moralische oder metaphysische Eigenschaft, sondern dass sie uns nur verständlich werden könne durch die Vermittlung tastbarer plastischer Formen als der Trägerinnen geistigen Ausdruckes. Die Aufgabe liess nicht nach, mich zu verfolgen. In Rom stand mir für das Studium ein Abguss in Kestners Besitze zu Gebote und ich ging ans Werk.

Nach mehrstündiger Betrachtung glaubte ich über einzelne, für den geistigen Charakter bestimmende Formen in der Bildung des Auges zu ziemlicher Klarheit gelangt zu sein. Jetzt galt es zu vergleichen. Ich entsinne mich, dass ich, um mich der Richtigkeit meiner Beobachtungen zu versichern, es für nötig hielt, mir zunächst durch Betrachtung eines Schädels einige elementare Kenntnisse über die Grundverhältnisse der menschlichen Schädelbildung zu erwerben. Weitere mehrstündige Betrachtungen des Abgusses führten auf die Beziehungen der Augen zur Begrenzung und zur Form der Stirne, auf die Stellung der Backenknochen, den Gesamtbau des Schädels, sowie die Verhältnisse des Mundes, des Kinnes; auch die vom Künstler frei gewählte Anordnung des Haares und die Form der schmückenden Stirnkrone mussten erwogen werden. Endlich erwies sich die Absicht, über alle diese Punkte mich bei Gelegenheit einer Festsitzung des archäologischen Instituts in mündlichem Vortrage auszusprechen, als ein heilsames Zwangsmittel, die einzelnen Beobachtungen zu sammeln, allgemeinen Gesichtspunkten unterzuordnen und zu einem einheitlichen Bilde zu gestalten. So entstand 1846 der erste Versuch der analytischen Betrachtung eines Götterideals. Er fand zunächst wenigstens keinen Widerspruch, ja, wo es wohl am wenigsten zu erwarten stand, bei einem italienischen Gelehrten, F. M. Avellino, im Bullettino napolitano V, p. 133, sogar unumwundene Anerkennung. Aber es blieb beim Versuche, der unmittelbare Nachfolge nicht fand, nicht einmal bei mir selbst. Studien anderer Art nahmen mich Jahre hindurch in Anspruch. Erst bei meinem zweiten römischen Aufenthalte boten sich mir öfter Monumente zur Erklärung dar, die zu verwandter Betrachtungsweise, wenn auch unter mannigfach veränderten Gesichtspunkten, aufforderten, immer aber zu dem Studium des Wesens der Idealbildungen zurückführten. Wo ein solches Thema mich lockte, liebte ich es längere Zeit mit mir herumzutragen. Zuerst handelte es sich darum, dem Object der Forschung beobachtend gegenüberzutreten und mit demselben gewissermassen persönliche Beziehungen anzuknüpfen. Wenn sodann durch längeren Verkehr eine gewisse Vertrautheit mit dem allgemeinen Charakter erreicht war, wurden äussere Anlässe benutzt, um die gewonnenen Eindrücke zu sammeln und etwa als das Thema eines Vortrages durchzuarbeiten und wissenschaftlich zu formulieren. In solcher Form erfüllten diese Studien ihren augenblicklichen Zweck. In ihrer Vereinzelung konnten sie jedoch einen tiefergreifenden Einfluss nicht ausüben. Erst als ihre Zahl sich mehrte, wurde mir von befreundeter Seite der Gedanke nahegelegt, sie in einer Sammlung grösseren Leserkreisen zugänglich zu machen.

Wohl hatte mir früher die Absicht nicht ferne gelegen, in meine zerstreuten Studien über griechische Götterideale mehr Ordnung zu bringen, also etwa zuerst die olympischen Zwölfgötter als ein geschlossenes Ganze zu behandeln, später andere Gruppen folgen zu lassen und hierbei die bisherigen Beiträge systematisch und unter einheitlichen Gesichtspunkten um- und neu durchzuarbeiten. Die neuen Anforderungen, welche durch solche erweiterte Pläne gestellt wurden, haben sich indessen nicht nur bisher als die grössten Hindernisse der Ausführung erwiesen, sondern drohten das Gleiche auch für die Zukunft. Es blieb mir daher nichts übrig, als mich einfach auf eine Sammlung der einzelnen Arbeiten zu beschränken und zwar, da selbst die stoffliche Verbindung zwischen ihnen eine äusserst lockere war, in derselben Anordnung und Reihenfolge, in welcher sie ursprünglich entstanden waren. Wo es sich um Arbeiten handelt, für deren Behandlung es galt, eine feste Methode erst zu finden und auszubilden, da konnte es an gewissen Schwächen in Auffassung und Darstellung nicht fehlen, zumal gerade die ersten Versuche in einer mir damals noch wenig geläufigen fremden Sprache abzufassen waren. Man wird nun vielleicht glauben, es sei wenigstens am Platze gewesen, an diese Schwächen die bessernde Hand anzulegen. Allein bei dem Aufsuchen neuer Pfade ist ein erstes Abirren oft lehrreicher, als die nachträgliche, fast selbstverständliche Richtigstellung. Und wenn es mir, wie ich wenigstens hoffen möchte, gelungen ist, im Verlaufe meiner Arbeiten Fortschritte zu machen, so wird dadurch auch der Leser in den Stand gesetzt sein, an das minder Gelungene selbst einen kritischen Masstab anzulegen und, was noch wichtiger ist, über das Einzelne hinaus zu einem allgemeinen Verständnis der ganzen Behandlungsweise überhaupt vorzudringen. Ich weiss, dass man über meine Vorträge geurteilt hat, sie seien ja ganz angenehm anzuhören, und so möge man mich ruhig gewähren lassen, aber schliesslich sei die ganze Betrachtungsweise doch nur eine mir rein persönlich eigentümliche und nicht dazu angethan, die Wissenschaft im strengsten Sinne zu fördern. Durch ein solches Urteil — ich kann nicht umhin, es offen auszusprechen — betrügt man mich um den Lohn ehrlicher Arbeit. Wenn man dagegen bei zusammenhängender Lecture erkennt, dass ich bestrebt war, durch Fehler und

Irrtümer zu einer gereinigteren Auffassung vorzudringen, so wird sich hoffentlich gerade dadurch die Überzeugung bahnbrechen, dass es sich bei meinen analytischen Darlegungen nicht um subjective Phantasien handelt, sondern um die Erforschung ganz objectiver künstlerischer Gesetze auf dem Wege wissenschaftlicher Arbeit. Wie viel oder wie wenig von meinen Ausführungen im einzelnen bestehen bleibt, ist dabei ziemlich gleichgiltig: es wird ja hoffentlich in der Folge nicht an Mitarbeitern fehlen, denen es gelingt, die Methode der Betrachtung von Schwächen und Einseitigkeiten zu befreien und in ihrer Anwendung sicherer zu handhaben. Zunächst konnte es sich für mich nur um die Begründung des Satzes handeln, dass das geistige Verständnis idealer künstlerischer Schöpfungen sich nur gewinnen lässt auf der Grundlage einer gründlichen Analyse der Form.

München, im Oktober 1892.

H. Brunn.

Inhalt

	Seite
Hera Farnese	1
Bull. dell' Inst. 1846; Annali 1864.	
Hephaestos und Odysseus	16
Ann. dell' Inst. 1863.	
Hypnos	26
Ann. dell' Inst. 1888.	
Meermedusa	37
Ann. dell' Inst. 1864.	
Demeter von Knidos	42
Verhandlungen der (29.) Philologenversammlung in Innsbruck.	
Medusa	53
Verhandlungen der (37.) Philologenversammlung in Dessau.	
Die Personification des Meeres in griechischer Plastik	68
Westermanns Illustrierte deutsche Monatshefte, December 1885.	
Apollo Giustiniani	84
Verhandlungen der (41.) Philologenversammlung in München.	
Asklepios und Zeus	96
Ungedruckt.	

HERA FARNESE

Hera Farnese

Vortrag, gehalten am Gründungstage Roms, 1846.

(Tafel I.)

Es erscheint vielleicht befremdlich, wenn ich in dieser Festsitzung über einen Herakopf zu reden unternehme, der, früher in farnesischem Besitz, schon seit langen Jahren für jedermann sichtbar, in den Sälen des Museo borbonico zu Neapel aufgestellt ist und bei der Einfachheit seiner äusseren Erscheinung wenig Stoff für archäologische Untersuchungen darzubieten scheint. Denn wo die Erhabenheit eines Werkes für jeden, der des Sinnes für Beurteilung künstlerischer Vorzüge nicht ganz entbehrt, offen vor Augen liegt, möchte man glauben, dass es einer Erläuterung durch Worte nicht bedürfe. In der That würde eine Lobrede zum Preise solcher Schönheit ein eitles und vergebliches Bemühen sein, und selbst eine mit poetischem Sinn entworfene Schilderung dürfte wohl etwa den allgemeinen Eindruck des Werkes zu umschreiben, aber kaum von seinem Werte im Einzelnen Rechenschaft zu geben im Stande sein. Aber es giebt noch eine andere Art der Betrachtung: die griechische Kunst bietet vom Anfang bis zu ihrer Vollendung das Bild einer organischen Entwicklung aus eigenster innerer Kraft dar; jedes wahrhaft griechische Werk muss daher seinen bestimmten Platz in der Entwicklungsgeschichte der griechischen Kunst einnehmen und kann daher nach seinem wahren Werte nur unter diesem Gesichtspunkte gewürdigt werden. Betrachten wir also ein griechisches Bildwerk von dieser Seite, so muss sich unser Blick notwendig hinlenken zu jenen Höhen der griechischen Kunst, auf denen der Genius und die Phantasie des Künstlers, frei von den Fesseln eines überlieferten und durch den Cultus geheiligten Typus, sich die Aufgabe stellen durfte, die Bilder der Götter unter den ihrer innersten Natur am meisten entsprechenden Formen darzustellen.

So bietet sich uns die Frage dar, welche Stelle wir unserem Marmor in der Geschichte des Ideals der Hera anzuweisen haben. Als Prototyp desselben wird im Altertum die kolossale Statue der Göttin von der Hand des Polyklet in Argos gefeiert. Ziemlich allgegemein aber gilt der farnesische Kopf für eine Arbeit des vollendeten, aber noch etwas harten Stils, während der ludovisische sich nach bestimmten Anzeichen als ein Werk minder hohen Alters zu erkennen giebt. Indem nun der letztere als das vollendetste Abbild des polykletischen betrachtet wurde, hat sich die Ansicht gebildet, dass der Stil des farnesischen Exemplars der vorpolykletischen Zeit angehören müsse. Aber auf welche Beweise stützen wir uns, wenn wir die Hera Ludovisi so ganz auf die gleiche Linie mit der polykletischen stellen? Der stärkste Grund lautet etwa so: die argivische Statue war das vollendetste Herabild des ganzen Altertums; die Hera Ludovisi geniesst den Ruf, die schönste zu sein, welche bis auf unsere Zeit gekommen ist, — also muss das eine Werk die Copie des andern sein. Wenn man sich ausserdem auf die Übereinstimmung äusserer Attribute, wie des Diadems hat berufen wollen, so lässt sich doch dadurch die Hauptfrage nicht entscheiden, die Frage nach den Grundformen des Ideals. Denn was heisst es: der Künstler schafft das Ideal einer Gottheit? Phidias sagte, er habe seinen Zeus nach den Worten Homers geschaffen:

Also sprach, und winkte mit schwärzlichen Brauen Kronion;

Und die ambrosischen Locken des Königes wallten ihm vorwärts

Von dem unsterblichen Haupt; es erbebten die Höh'n des Olympos.

Der Dichter hatte den Künstler hingewiesen auf die Augenbrauen und das Haupthaar als den Sitz der Macht in dem Haupte des Zeus, und diesen Teilen mussten alle anderen Formen entsprechen, wie in der Musik aus einem Grundtone sich der ganze Accord entwickelt. Das Ideal also besteht in der organischen Entwicklung aller besonderen Formen nach Maassgabe der einen, in welcher diejenige Idee, welche im Geiste des Beschauers erweckt werden soll, ihren dauernden Sitz hat oder gewissermaassen verkörpert ist. Wenn man also sagt, dass Polyklet das wahre Ideal der Göttin schuf, so muss er zum erstenmale die Göttin in solcher Übereinstimmung mit ihrer eigenen innersten Natur gebildet haben, dass andere nach ihm von diesem Prototyp als einem nicht willkürlichen, sondern notwendigen Vorbilde sich nicht mehr zu entfernen vermochten. Prüfen wir darauf hin den farnesischen Kopf und finden wir ihn dem wahren Charakter der Göttin entsprechend, so genügt das, um ihn als vom Ideal des Polyklet abgeleitet hinzustellen.

Es ist daher nötig, in erster Linie den Ausgangspunkt, die Idee zu suchen, welche der Phantasie des Künstlers bei dem ersten Schöpfungsakte seines Werkes vorgeschwebt haben muss. Da findet sich nun keine Bezeichnung, welche für das Wesen der Göttin charakteristischer wäre, als das homerische Epitheton: βοῶπις, die ochsenäugige. Allerdings hat man gemeint, es handle sich bei dieser Bezeichnung in erster Linie um ein grosses, weitgeöffnetes Auge, und so seien auch die Künstler, um den wahren Sinn dieses Wortes auszudrücken, bei der Darstellung der Göttin von einer solchen Bildung ausgegangen. Nach meiner Ansicht hat jedoch Homer nicht bloss an die Form gedacht, sondern noch mehr an den Ausdruck gewaltiger Kraft, der hinter dem Blicke des Rindes verborgen liegt und noch mehr als durch die Form, durch die Stellung der Augen bedingt ist. Weit voneinander stehend, dehnen sie sich bis unter die Schläfe aus, und indem sie sich nach aussen wenden, scheinen sie mit ihren Blicken alles zu erfassen, was ihnen gegenübertritt. Dadurch aber erwecken sie in unserem Geiste jenes Gefühl der Furcht, welches man empfindet, wo man sich auf allen Seiten von einer Gefahr umgeben sieht, aus der es kein Entrinnen giebt. Das muss der Eindruck gewesen sein, von dem der Künstler bei der Erschaffung des Ideals der gewaltigen Herrscherin und Königin des Himmels ausging. Die Augen der Göttin öffnen sich nicht nur und erweitern sich gegen die Schläfe, sondern sie treten hier mit solcher Kraft vor, dass der nach der Seite gedrängte Blick sich in weitem Bogen auszubreiten scheint. Ganz im Gegensatz dazu finden wir z. B. den Charakter der Aphrodite durch eine Stellung der Augen ausgedrückt, bei der die beiden Sehaxen in geringer Entfernung vor den Augen in einem Punkt zusammenlaufen. Betrachten wir jetzt den farnesischen Kopf, so sieht jeder leicht, dass seine hervorragendste Eigentümlichkeit in der Bildung der Augenlider begründet ist. Ja, man möchte behaupten, dass sie in solcher Herbigkeit und starrer Strenge sich in Wirklichkeit wohl nie wieder finden dürften. Und doch wieder welche Verschiedenheit vom archaischen Stil! Bei diesem das leise Lächeln halbgeschlossener Augen; an unserem Kopf welche scharfe Bestimmtheit und Strenge des Ausdrucks! Zwar sind die Augen nicht weit geöffnet; aber die fast ganz geebneten und weit mehr nach der Breite als nach der Höhe entwickelten Pupillen verleihen dem Blicke an Stelle der Freundlichkeit den Ausdruck gewaltigen Ernstes. Am stärksten jedoch wird diese letztere Eigenschaft betont durch die Bildung der scharf herausgearbeiteten Augenlider. Diese werden nemlich gegen den äusseren Augenwinkel so scharf hervorgetrieben, dass sie dadurch in ihrer andern Hälfte gegen den inneren Augenwinkel zu in mässiger Spannung angezogen erscheinen. Der Rand des unteren Augenlides biegt sich energisch abwärts, schlägt an der breitesten Stelle gewissermaassen über und bewirkt hier einen so entschiedenen Schatten, dass der Blick sich zum Ausdrucke tiefsten Ernstes und wuchtigster Strenge steigert. Die Göttin entsendet den Blick aus dem Innersten des Auges und lässt ihn über den breiten Rand des Lides hinwegstreifen; dabei aber ist er nicht fixiert auf einen einzigen Punkt, sondern breitet sich weit aus über alles, was in seinem Gesichtskreise liegt.

Solche Bildung der Augen war es, welche dem Künstler als Grundlage dienen musste, um für alle anderen Teile und Züge des Antlitzes die entsprechenden Formen zu finden. Beachten wir zuerst, in welcher Weise die Stirn, die sich über den Augen gleichsam als ein natürlicher Schutz erhebt, sich in analoger Weise gestaltet. Wie nämlich das Auge gegen den Oberaugenhöhlenrand drängt und dieser Knochen sich dadurch mehr nach der Seite entwickelt, so weicht die Stirn in der Mitte scheinbar zurück und muss sich naturgemäss ebnen. Erst in ihrem oberen Teile, wo sie weniger dem Verlaufe des Augenknochens zu folgen genötigt ist, kehrt der Stirnknochen zu seiner natürlichen Krümmung zurück. Und um uns diese Bildung noch bestimmter empfinden zu lassen, wird das Haupt von einem Diadem umfasst, das durch seine halbkreisförmige Gestalt den allgemeinen Organismus des Schädels gewissermaassen wiederholt. Es waltet hier dieselbe Auffassung, wie etwa bei dem Ideal der Athene, wo die Backen des Helmes, welche von dem ebenen Rücken schräg abfallen, die allgemeine Anlage des Kopfes wiedererkennen lassen, den zu bedecken sie bestimmt sind. Dazu kommt noch etwas anderes: damit die Stirn bei ihrer Breite nicht niedrig und gedrückt erscheine, ist es notwendig, dass diese Breite eine Ausgleichung durch eine entsprechende Höhe finde. Aus diesem Grunde steigt der Oberschädel hinter dem Diadem noch bedeutend an und bildet einen weiten Kreis über der Stirn, wie eine Krone, die in andern Köpfen der Göttin sich in hohem Bogen über ihr wölbt. Doch müssen wir bekennen, dass die Wirkung hier eine um so stärkere und nachhaltigere ist, als der Künstler sie durch die organische Entwicklung des Kopfes selbst zu erreichen verstanden hat, ohne sich eines äusseren oder symbolischen Schmuckes zu bedienen.

Das gleiche feine Verständnis müssen wir auch in andern Anordnungen anerkennen. Namentlich zeigt sich dies daran, dass der Künstler die Verteilung des Haares der Weite der Stirn hat entsprechen lassen. In einfache symmetrische Massen geteilt, umkränzt es zunächst sparsam die Höhe der Stirn und legt sich an sie an, ohne sie zu bedecken. Aber wo sie von den Ecken der Augenbrauen scharf gegen die Schläfe abfällt, da wird das Haar reicher, entfaltet sich freier, und während es der Breite der Stirn weiter folgt, lässt es dieselbe weniger breit erscheinen, indem es teils die Wirkung mannigfaltiger gestaltet, teils den Ausdruck düsterer Strenge mildert.

Wenden wir uns jetzt zu den Augen zurück, um die Teile zu prüfen, welche dieselben nach unten umgeben, so finden wir dort den Einklang in der gesamten Anlage consequent weiter durchgeführt. Die Augen selbst sind umschrieben durch das Wangenbein, welches natürlich dort, wo das Auge seitlich hervordrängt, ausweichen und selbst zwei seitliche Erhöhungen bilden muss. Dadurch wird auf der gleichen Grundlage wie bei Auge und Stirn die gleiche Wirkung hervorgebracht: die Vorderseiten der Wangen müssen sich jetzt ebnen und verbreitern, und die Nase, die, von der Stirn ausgehend, diese nach unten zu verlängern scheint, springt in um so schärferem Relief uns entgegen, je weniger die Fläche der Wangen geneigt erscheint, mit den steil vom Nasenrücken abfallenden Seiten sich zu verbinden.

Auf solche Weise setzt sich die Breite der Stirn fort in den Wangen, zerlegt sich aber dort durch die Nase in zwei gleiche Teile. Zeigt sich auch darin die Tendenz, das Gesicht in seiner untern Hälfte zu verengern, so schliesst doch das nicht aus, dass auch dort jene Eigentümlichkeiten des Organismus wiederkehren, welche wir bisher beobachtet haben. Der Mund hebt sich nur wenig heraus, vielmehr verbreitert er sich nach den Winkeln zu. Und wo liesse sich eine genauere Entsprechung finden, als die, welche der Künstler zwischen dem Ausdrucke des Mundes und der Augen durchgeführt hat? Wie wir an den letzteren das Augenlid gegen den äusseren Winkel hervortreten sahen, so ist die Oberlippe gegen den Mundwinkel scharf nach unten gezogen, und dadurch entsteht auch hier der gleiche entschiedene Schatten, der an den Augenlidern so schön das ernste und strenge Wesen der Göttin zum Ausdruck brachte. Damit jedoch der Mund in der Mitte seine Energie nicht verliere, senkt sich gerade hier die Spitze der Oberlippe nach unten und lässt dadurch zu den Seiten zwei starke Vertiefungen, sehen, welche unwillkürlich an die Öffnung der beiden Augen zur Seite des Nasenrückens erinnern. Diese Gliederung aber tritt noch deutlicher hervor durch die Bildung der Unterlippe, die, breit nach unten umgebogen und einen starken, ungeteilten Schatten auf das Kinn werfend, wie eine einfache, aber kräftige Basis unter die mannigfach bewegten Bildungen der Oberlippe gelegt ist, durch welche die Öffnung des Mundes ihr Leben erhält. Die Strenge desselben wird aber wiederum verstärkt durch die Kräftigkeit der Wangen und des Unterkiefers, der in Übereinstimmung mit dem Hervortreten des Backenknochens seitwärts hervorgetrieben von hinten in weiter Krümmung herabsteigt und nach vorn sich nur leicht verengt. So bleibt dem Kinn die breite geebnete Form, die ihm nötig ist, um die Harmonie des Ganzen und das grossartige Oval abzuschliessen, von dem das Antlitz in seiner Gesamtheit umschrieben ist.

Wahrlich noch vieles hätte ich hinzuzufügen, wollte ich von allen kleinen Besonderheiten Rechenschaft geben, in denen der Künstler den wunderbaren Charakter dieses Götterhauptes immer mehr zu entwickeln bestrebt gewesen ist. Doch mag es genügen, mit wenigen Worten anzudeuten, wie auch im Profil jede Form dem vom Künstler so wohl verstandenen natürlichen Organismus entspricht. Das Antlitz erscheint in dieser Ansicht als eine fast perpendiculäre Linie: wie wir gesehen, trat in allem die Absicht hervor, uns dasselbe als eine weite und geebnete Fläche zu zeigen, die sich jetzt im Profil so verkürzt, dass sie zu einem schmalen Streifen zusammengedrängt, ja fast nur wie eine einzige Linie erscheint. Aber reichlich werden wir dafür entschädigt durch den Anblick der Seitenteile der Wangen, die vorher durch die Vorderansicht gewissermaassen verdeckt waren und jetzt in ihrer weiten Ausdehnung nach rückwärts erst erkennen lassen, wie viel auch sie im Zusammenhang der übrigen Formen zu dem Ausdruck kräftiger Strenge des Blickes und nachdrucksvoller Würde des Ganzen beitragen. Auch in seinem hinteren Teile weitet sich der Schädel aus, wie es nicht anders sein konnte: denn dort findet jene Kraft ihre Stütze, die wohl im Antlitz zur Erscheinung kommen, aber

HERA FARNESE

doch nur von da entstammen kann, wo das geistige Vermögen seinen Sitz hat. Nicht anders beim Haar: als schöner Schmuck umkränzte es die Stirn; indem es sich jetzt im gleichen Linienflusse nach hinten bis in den Nacken entwickelt, trägt es nicht wenig bei, dem Ganzen den Ausdruck einer fein erwogenen Majestät zu verleihen. Reich tritt es unter dem Diadem hervor und in wohl gegliederten Massen gewunden umschreibt es zum Teil das Antlitz, zum Teil dehnt es sich lang nach rückwärts aus und hat hier dem Gewicht als Stütze zu dienen, mit dem das Genick auf den Hals drückt. Und auf solche Weise werden beide Teile des Kopfes, der vordere und der Hinterkopf in ein schönes und harmonisches Gleichgewicht gesetzt.

Jetzt wiederhole ich die am Anfange gestellte Frage: kann dieser Kopf älter sein als Polyklet? kann er in einer Zeit entstanden sein, in der das Ideal der Hera noch nicht geschaffen war? Nein, gewisslich nein! Worin hätte wohl das so hoch gefeierte Verdienst eines Polyklet bestanden, wenn schon vor ihm das Ideal der Göttin entwickelt gewesen wäre in solcher Grossartigkeit und in solchem Einklange mit ihrem innersten Wesen? Denn alles ist in vollständigster Übereinstimmung mit dem Charakter der Königin und Gattin des allmächtigen Zeus. Um uns in dieser Ansicht zu bestärken, brauchen wir nur die immer und allgemein mit Recht bewunderte Hera Ludovisi zu betrachten, und wir werden uns überzeugen, dass an ihr alle wesentlichen Teile in der Gesamtanlage mit der farnesischen übereinstimmen. Nach den Seiten öffnen sich die Augen und treten nach dieser Richtung hervor; breit ist die Stirn, eingefasst von reichem Haar und überhöht durch ein hohes Diadem, das hier Ersatz bieten muss für die Höhe des Schädelbaues, da diese an einem Kolossalkopfe, in dem in der Unteransicht die oberen Teile notwendig in starker Verkürzung erscheinen, nicht hätte zur Geltung kommen können. Breit sind auch die Wangen und bestimmt und stark erhoben die Nase; der Mund allerdings etwas kleiner und halb geschlossen; aber auch hier zeigt die Oberlippe die gleichen Modulationen; alles in allem auch hier die gleiche Tendenz zu ebener Bildung des Gesichtes, auch hier das grossartige Oval, welches das Ganze umschreibt. Der Unterschied, der trotz solcher Übereinstimmungen in den beiden Köpfen sich auf den ersten Blick offenbart, besteht also vielmehr in dem verschiedenen Stil der Ausführung, als in der Grundauffassung. In der ludovisischen sind die Formen mehr vergrössert und abgerundet.

Der Künstler hat eine gewisse Milde und Anmut mit der gewichtigen Würde verbinden wollen, welche das Ganze vorwiegend beherrschen musste. Dagegen erhält die farnesische ihren besonderen Wert durch das höchste Maass von Schärfe und Genauigkeit, ja man kann fast sagen, durch die Härte der Arbeit, bei welcher der Künstler jedem

HERA LUDOVISI

untergeordneten Reize hat entsagen wollen, der dem Ausdrucke innerer Kraft Abbruch thun, oder der Entwicklung des erhabenen, aber strengen Charakters hätte hinderlich sein können. Das ist die wahre Akribie (ἀκρίβεια), die sich nur da findet, wo mit der Meisterschaft der Ausführung sich die Richtigkeit und Klarheit des ersten Gedankens im innersten Einklang befindet. Bei solchen Verdiensten, welchem Künstler sollen wir da den Preis zuerkennen, dem des farnesischen oder dem des ludovisischen Kopfes? Es wäre Vermessenheit, hier entscheiden zu wollen; und nur zu sehr empfinde ich, wie die Verdienste des einen wie des anderen Werkes höherer Lobsprüche würdig sind, als überhaupt von mir gespendet werden können.

Als ich im Jahre 1846 die Besprechung des farnesischen Kopfes veröffentlichte, gab es nur eine einzige, höchst ungenügende Abbildung desselben im Museo borbonico V, 9. Auch eine spätere in E. Brauns Vorschule zur Kunstmythologie T. 24 leistete nur wenig mehr. Es schien mir daher angemessen, in den Monumenten des archäologischen Institutes VIII, 1 (1864) eine neue Publikation zu veranstalten, welche den Ansprüchen, die man damals zu stellen gewohnt war, gewiss in vollem Maasse entsprach. Von einer erneuten Untersuchung des Werkes selbst sah ich damals ab: der nächste Zweck war ja erreicht; das früher vernachlässigte Werk, auf welches die Aufmerksamkeit gelenkt zu haben dem damaligen hannoverischen Gesandten in Rom, August Kestner, zum besonderen Verdienste angerechnet werden muss, war zu gerechter Würdigung gelangt; es war ziemlich allgemein als das vollendetste Idealbild der Göttin anerkannt und wurde, den damaligen archäologischen Anschauungen entsprechend, fast wie selbstverständlich mit der Schöpfung des Polyklet in die engste Beziehung gesetzt. Nur Overbeck (in der Zeitschrift für Altertumswissenschaft 1856, S. 293 ff.) hatte dagegen Einspruch erhoben und trat damals noch für den ludovisischen Kopf als polykletisch in die Schranken. Auch später boten ihm die Geschichte der Plastik (3. Aufl. I, S. 387) und die Griechische Kunstmythologie (III, S. 44 u. 71 ff.) den Anlass, wiederholt auf das Thema zurückzukommen, und wenn er schliesslich zu dem Ergebnis gelangte, dass uns ein genügendes Beweismaterial fehle, um den farnesischen wie den ludovisischen Kopf mit Sicherheit auf Polyklet als Schöpfer des Ideals zurückzuführen, so kann ich ihm nach dem Standpunkte der heutigen Kritik im Ganzen nur beistimmen, wenn ich es auch nicht als ausgeschlossen erachte, dass der farnesische Kopf noch einmal als ein Werk, wenn nicht polykletischen, doch wenigstens peloponnesischen Kunststils nachgewiesen werden wird. Doch das mag der Zukunft überlassen bleiben. Wohl aber dürfte es auch jetzt noch nicht überflüssig sein, hier die (in den Annali d. Inst. 1864,

p. 309 sgg.) gegen den ersten Angriff Overbecks gerichteten Bemerkungen zu wiederholen, bei denen mehr die Auffassung des gesamten Charakters der Göttin, als die einzelnen Formen ihrer Bildung in Betracht kamen:

Der erste Grund, den Overbeck anführt, um zu beweisen, dass wir das Ideal des Polyklet nicht durch die farnesische, sondern durch die ludovisische Hera kennen lernen, soll darin liegen, dass die letztere das vollkommenste Exemplar einer ganzen Reihe von Köpfen verwandten Charakters sei, die erstere dagegen einen ganz besonderen Charakter trage und durchaus vereinzelt dastehe. Diese letzte Behauptung jedoch widerspricht den Thatsachen: das berliner Museum besitzt einen Marmor, den jeder auf den ersten Blick geradezu ein zweites Exemplar des farnesischen nennen würde, wenn er nicht im Gesicht stark verletzt und restauriert, ja, was schlimmer, vollständig überarbeitet wäre. (Als Verflachung des farnesischen notierte ich den wohl auch in den Maassen übereinstimmenden Kopf Nr. 44 in Petersburg. Über sein Verhältnis zu dem, wie es scheint, verschiedenen Original eines dresdener Gipsabgusses vermochte ich nicht ins Klare zu kommen.) Nicht als copiert, sondern als von demselben Typus abgeleitet, muss eine Büste in der Galleria delle statue des Vatican (Nr. 363) bezeichnet werden, sowohl wegen der äusseren Anordnung, als wegen der allerdings stark gemilderten Gesichtszüge. Der farnesische Kopf steht also nicht so vereinzelt, wie Overbeck vorgiebt. Aber auch wenn er ganz allein existierte, so wäre doch damit noch keineswegs die Möglichkeit ausgeschlossen, dass er sich mehr als irgend ein anderer dem Ideal des Polyklet anschlösse. Man muss sich nämlich das ganze Verfahren gegenwärtig halten, welches die alten Künstler bei der Benützung der von den grossen Meistern festgestellten Ideale beobachteten. Selten, wenigstens in der guten Zeit, wird es sich um ein einfaches Copieren gehandelt haben, und dass weder der farnesische noch der ludovisische Kopf Copien der Hera des Polyklet genannt werden können, ergiebt sich schon aus dem Attribute des Kopfes, das bei der letzteren eine in gleicher Breite um den Kopf herumlaufende hohe Krone ist, bei der ludovisischen eine in hohem Bogen über der Stirn sich erhebende Bekrönung, bei der farnesischen ein niedriger, gleichmässig verlaufender Reif. Wir müssen daher von mehr oder weniger freien Reproductionen reden, die natürlich zu mancherlei Modificationen Veranlassung gaben. Es war bei ihnen das Material, sei es Marmor, Bronze u. a. in Betracht zu ziehen, die Verschiedenheit der Grösse, die verschiedenen Bedingungen des Ortes, an dem ein Werk aufgestellt werden sollte. Einfluss konnten ferner die besonderen Anforderungen eines Cultus ausüben, der ein Attribut, einen Schleier oder ähnliches verlangte, oder es nötig machte, eine bestimmte Eigenschaft des Charakters vor andern stärker zu betonen, ohne indessen das gesamte Wesen zu verändern. Und noch stärker wird sich der Einfluss der künstlerischen Entwicklung im Fortschritt der Zeiten fühlbar gemacht haben. Schon die Künstler in der Zeit des Praxiteles und Lysipp werden da, wo sie nicht Neues erfanden, sondern ein Ideal des Phidias oder Polyklet reproducierten, nicht unterlassen haben, was ihnen in den alten Typen zu ernst und zu starr erscheinen mochte, zu mässigen und zu mildern, und ihre Reproductionen mögen den Originalen gegenüber einen Eindruck gemacht haben, wie etwa eine plautinische Komödie durch die Übertragung in die Orthographie und die grammatischen Formen der augusteischen Epoche. Namentlich die Römer aber bevorzugten in ihren Nachahmungen nur zu sehr die sogenannte schöne Epoche gegenüber der ihr vorausgehenden grossartigen und strengeren Richtung. Da nun der grössere Teil der uns erhaltenen Götterbilder aus römischer Zeit stammt, so ist es natürlich, dass sie allerdings von älteren Typen abgeleitet sind, aber nicht direkt, sondern in zweiter Linie, gewissermaassen im zweiten Grade der Geschlechts- oder Verwandtschaftsfolge, während unter unserem Denkmälervorrat diejenigen Arbeiten an Zahl immer zurücktreten werden, die von einem Einflusse der praxitelischen und lysippischen Epoche sich frei erhalten haben.

Um nun zu den beiden Heraköpfen zurückzukehren, so habe ich nie behauptet, wie Overbeck mich sagen lässt, dass der ludovisische nicht vom Ideal des Polyklet abgeleitet sein könne. Ich habe vielmehr angedeutet und kurz dargelegt, wie er in seinem wesentlichsten Teile mit dem farnesischen übereinstimmt, der meines Erachtens dem polykletischen am nächsten steht, und schloss mit den Worten: »Der Unterschied also, der trotz solcher Übereinstimmung in den beiden Köpfen sich auf den ersten Blick offenbart, besteht vielmehr in dem verschiedenen Stil der Ausführung, als in der Grundauffassung«. Aber vielleicht wird mir Overbeck zugestehen, dass die ludovisische Göttin vom Ideal des Polyklet nicht in erstem, sondern in zweitem Grade abgeleitet ist; wohl aber leugnet er entschieden, dass die farnesische zu diesem irgend eine Beziehung habe. Er erhebt keinen Widerspruch dagegen, dass ich bei der Untersuchung des polykletischen Ideals von dem homerischen Epitheton βοῶπις ausgegangen bin; aber er legt demselben eine durchaus andere Bedeutung bei, als die, welche ich bei der Analyse des farnesischen Kopfes angenommen hatte. Nach ihm bezeichnet βοῶπις »rein äusserlich gefasst ein grosses, volles, rundes, glänzendes Auge im Gegensatz zu blinzelnden Katzenaugen und halb von den Lidern bedeckten Schafsaugen; der geistigen oder vergeistigten Bedeutung nach ein gross und voll blickendes, meinetwegen auch ein etwas starr blickendes Auge, das Auge der Königin, so dass Voss mit seiner »hoheitblickenden Hera« im Grunde ganz das Richtige getroffen hat.« Ich leugne nicht, dass diese Deutung sehr wohl auf das Auge der Ludovisi passt, ja wohl nur zu gut, so dass sie wohl eher dieser Sculptur gegenüber aufgestellt scheint, als im Angesicht des Tieres, welches im Worte bezeichnet ist. Im Blicke des Rindes herrscht nicht die einfache Majestät und Grossartigkeit vor, welche den Charakter des Königs der Tiere, des Löwen bildet, sondern der Ausdruck unermesslicher Kraft, einer Kraft, welche droht und eine gewisse Beunruhigung erweckt im Geiste dessen, der ihr gegenübersteht, eine düstere Beunruhigung, welche keine Munterkeit und kein Lächeln gestattet. Dieser so besonders eigenartige Charakter, der durch das Epitheton βοῶπις bezeichnet sein muss, ist in dem ludovisischen Kopfe völlig aufgegeben, und der Künstler hat sich fast vollständig und ausschliesslich an das zweite homerische Beiwort πότνια gehalten, welches von dem Dichter hinzugefügt scheint, wie um die Düsterheit des ersten zu mildern und fast möchte man sagen, zu vermenschlichen. Die farnesische Büste dagegen würde ich die wahre Verkörperung der βοῶπις und, füge ich hinzu: der βοῶπις πότνια nennen: denn ihr fehlt auch jene Würde nicht, welche Homer in dem zweiten Beiworte hat andeuten wollen.

Aber, antwortet mir Overbeck, wir haben demnach in der farnesischen Büste das Bild der homerischen Göttin, der eifernden, mürrischen, zanksüchtigen, »maulenden«, aber nimmermehr das Bild der Göttin in dem erhabensten Ausdrucke ihres Wesens, wie das Ideal des Polyklet gewesen sein muss. Ich will vorläufig nicht fragen, wie stark übertrieben wohl das Bild ist, welches Overbeck von dem farnesischen Marmor entwirft; ich gestehe vielmehr zu, dass in ihm wirklich die homerische Göttin dargestellt ist. Aber, frage ich, warum soll denn dem Polyklet nicht erlaubt gewesen sein, das Ideal seiner Hera von Homer abzuleiten, der, wie man zu sagen pflegt, den Griechen ihren Olymp geschaffen hatte? Mag es sein, dass der Dichter mit Rücksicht auf die epische Erzählung gewisse Züge im Charakter der Göttin etwas zu individuell gefärbt hat, die Grundlage seiner Charakteristik wurde nichtsdestoweniger dadurch nicht verändert, sie bewahrte ihre Geltung umsomehr, als sie sich in vollem Einklange mit den Ideen befindet, die im Cultus vorwalteten. Die Königin ist sicherlich die Himmelskönigin, jedoch nicht im absoluten Sinne, sondern nur insoweit sie die Gattin, die Genossin des Zeus ist. Diese Eigenschaft als Gattin ist es, welche der gesamten Mythologie der Hera ihr besonderes Gepräge verliehen hat, geradeso wie etwa der Mythologie der Demeter ihre Eigenschaft als Mutter; sie überwiegt im Cultus, wie in der Poesie, und ebenso musste sie für das künstlerische Ideal die Grundlage bilden. Dabei aber muss man sich wohl hüten, moderne Anschauungen mit denen des Altertums zu vermischen: die Zeit des Polyklet war sicher noch frei von jeder Empfindsamkeit, und der Künstler durfte und musste in seinem Ideal die etwas strengen und fast starren Züge der homerischen Göttin umsomehr bewahren, als die Kunst jener Zeiten, namentlich in ihren für religiösen Cultus bestimmten Arbeiten mehr bedacht war, strengen Ernst, Würde und Macht zum Ausdruck zu bringen, als leichte und zierliche Anmut. Wenn Cicero (Brut. 18) die Werke des Polyklet »schon ganz vollendet« (iam plane perfecta) nennt, aber doch nicht ohne hinzuzufügen: »wie sie mir wenigstens vorzukommen pflegen« (ut mihi quidem videri solent), so leuchtet ein, dass ihr im Vergleich mit den Werken der praxitelischen Epoche, denen der allgemeine Geschmack der Römer den Vorzug gab, noch viel, ich will nicht sagen, vom archaischen Geschmack, aber doch von jener archaischen Grossartigkeit und Strenge anhaften musste, die in dem farnesischen Marmor so gewaltig auf uns wirkt, wie kaum in einem andern Götterbilde.

Diese ganze Erörterung würde indessen wenig beweisen, wenn dem farnesischen Kopfe wirklich jener mürrische Charakter eigen wäre, den Overbeck an ihr erkennen will, und wenn wirklich, wie seine Behauptung lautet, dieser Marmor nie einem Cultbilde der Göttin angehört haben könnte. Ich gestehe, dass ein solches Urteil, als ich es zuerst las, mir geradezu unverständlich war, und bei solchen Meinungsverschiedenheiten schien mir fast keine andere Antwort übrig zu bleiben als die, welche der Maler Nikomachos einem Verächter der Helena des Zeuxis gab: Nimm meine Augen und sie wird dir als eine Göttin erscheinen (λάβε τοὺς ἐμοὺς ὀφθαλμοὺς καὶ θεός σοι φανήσεται). Indem ich jedoch über die Gründe nachdachte, auf denen eine solche Verschiedenheit der Beurteilung beruhen könnte, kam mir eine andere Anekdote aus der griechischen Kunstgeschichte in den Sinn, die Erzählung von dem verschiedenen Urteil, welches die Athener über zwei Statuen des Phidias und des Alkamenes abgaben, bevor und nachdem dieselben an dem für sie bestimmten Platze aufgestellt waren. Ich hatte nämlich beobachtet, dass die Abgüsse des farnesischen Kopfes meist falsch auf ihren Fuss gesetzt waren. Dabei weicht die Stirn etwas zu sehr zurück, das Kinn tritt zu weit vor und ist zu stark gehoben, so dass die Spitze der Stirn und des Kinnes in der Profilansicht fast in einer senkrechten Linie liegen. Dieser Fehler aber genügt, um die Harmonie der Formen vollständig zu trüben und das Charakteristische des Ausdruckes zu verwischen. Ich vermute, dass Overbeck einen solchen Abguss vor Augen gehabt hat (und die Abbildung in seinem Atlas der Kunstmythologie T. IX scheint diese Vermutung zu bestätigen). Er möge ihm die richtige Neigung nach vorn geben, und ich darf vielleicht hoffen, dass ihm dann auch die eigenen Augen genügen werden, um ihn in dem farnesischen Marmor die Himmelskönigin und die Gattin des Zeus erkennen zu lassen.

Hephaestos und Odysseus

Vortrag, gehalten am Winckelmannstage, Rom 1862.

(Tafel II.)

Bei der Wiederkehr der Geburtstagsfeier Winckelmanns, der den Olymp der Griechen zu neuem Leben wiedererweckte, wird es nicht unangemessen erscheinen, wenn ich mir die Aufgabe stelle, in diesen Olymp das Bild jenes Gottes wieder einzuführen, der trotz seiner Bezeichnung als »König der Kunst« (rex artis), in der Geschichte der Kunst sich keineswegs einer dem Glanze dieses Beinamens entsprechenden Begünstigung zu erfreuen gehabt hat. Hephaestos, ursprünglich ein Gott von grosser elementarer Gewalt, ist in der Mythologie eine halb lächerliche Figur geworden. Die Künstler und namentlich die Bildhauer, welche der Schönheit idealer Formen nachstrebten, konnten sich durch ein Problem nicht besonders angezogen fühlen, das ihnen auferlegte, die feine künstlerische Erfindsamkeit des κλυτόμητις in Verbindung mit den körperlichen Mängeln des ἀμφιγυήεις zur Darstellung zu bringen; und obwohl ein Alkamenes sich Ruhm erwarb durch die Wiedergabe eines nicht entstellenden Hinkens (claudicatio non deformis), indem er es verstanden hatte, diesen körperlichen Mangel unbeschadet der Würde des Gottes als eine besondere, ihn charakterisierende Eigenschaft zur Geltung zu bringen, so scheint doch schon im Altertum die Zahl der statuarischen Darstellungen des Gottes ziemlich beschränkt gewesen zu sein. Auch in neueren Zeiten wollte sich das Glück nicht günstiger erweisen, und lange fehlte uns ein Werk von hervorragenderem Verdienste, welches geeignet gewesen wäre, uns den Idealtypus des Gottes genauer kennen zu lehren. Die erhaltenen Darstellungen genügten nur, uns eine allgemeinere und annähernde Idee davon zu gewähren. Erst im letzten Jahrzehnt, beim

TAF. II.

HEPHAESTOS

Graben der zu Ehren der unbefleckten Empfängnis auf der Piazza di Spagna in Rom errichteten Säule, wurde der Marmorkopf gefunden, der hier besprochen werden soll[1]); obgleich nicht eine Sculptur ersten Ranges, ist er doch von hinlänglich guter Arbeit und in grossem Maasstabe ausgeführt, so dass er uns jedenfalls von dem Aussehen des Gottes eine klarere Vorstellung als jedes andere bisher bekannte Werk zu geben vermag. Da sollte der Gott noch einmal Unglück haben: in das vaticanische Museum versetzt, wurde er dort wegen einer gewissen äusserlichen Ähnlichkeit und namentlich wegen seiner spitzen Mütze als Odysseus eingeführt; und so blieb auch dieses Bildwerk für die Ikonographie des Gottes bis jetzt ohne Nutzen. Indem ich mich anschicke, dem Gotte seinen richtigen Namen wiederzuerstatten, will ich eine allgemeinere Betrachtung vorausschicken. Die Büste hat Hermenform. Diese Form ist üblich bei Büsten von Göttern und göttlichen Wesen, ist üblich nicht weniger bei griechischen Bildnissen. Aber wie steht es mit den Heroen? Ich weiss nicht, ob die Alten, während sie die Hermenform als berechtigt erachteten für den absoluten Idealismus göttlicher Wesen, sowie für den streng individuellen Charakter der Porträts, für die Darstellung der Heroen die Andeutung irgend welcher Handlung nötig halten mochten: aber Thatsache ist es, dass es mir bisher nicht gelungen ist, auch nur ein einziges Beispiel einer Heroen-Herme zu finden, und so macht es schon diese Betrachtung zweifelhaft, wenn nicht unmöglich, in unserem Marmor den Odysseus zu erkennen.

Indessen bedürfen wir nicht einmal einer solchen Erörterung, wo der Vergleich sicherer und unzweifelhafter Monumente uns eine weit festere Grundlage darbietet. Ich kann vielmehr die Entscheidung Ihren eigenen Augen überlassen: neben dem grösseren Kopf lege ich Ihnen einen kleineren vor, der ebenfalls bärtig ist, und eine spitze Mütze trägt. Aber diese oberflächliche Ähnlichkeit vermag Sie nur beim ersten Anblick zu täuschen; bei näherer Betrachtung wird sich jeder sofort überzeugen, dass in den beiden Köpfen keineswegs die

---

[1]) In Vorder- und Seitenansicht zuerst publiciert in den Mon. dell' Inst. VI—VII, t. 81. Seine Höhe beträgt m. 0,55; ausser einem Teile des Bruststückes und einigen Löckchen ist nur die Hälfte der Nase restauriert. Wie Herr Comm. Poletti, der leitende Architekt, mir erzählte, wurde er am Fusse einer kleinen Treppe gefunden, die nicht einem Gebäude angehörte, sondern einer Gartenanlage diente, und musste ein Seitenstück auf der andern Seite der nämlichen Treppe haben.

gleiche Persönlichkeit erkannt werden darf. Der kleinere gehört einer Statuette des Museo Chiaramonti an, welche Odysseus darstellt, wie er dem Polyphem einen Trunk reicht (vgl. S. 25). Somit darf der grössere nie als Odysseus bezeichnet, muss vielmehr dem Gotte wiedererstattet werden, der mit dem Heros nur die äusseren Kennzeichen der Mütze und des Bartes gemein hat.

Um die Thatsache festzustellen, könnte schon dieser Vergleich allein genügen. Indessen lehrt die Erfahrung, dass in den Idealtypen der griechischen Kunst die Formen nicht zufällige und willkürliche sind, sondern in der engsten Beziehung zu der innersten Natur des dargestellten Wesens stehen. Wenn also die Aufgabe des Erklärers es erheischt, die inneren Gründe zu erforschen, welche für die Wahl gewisser Formen entscheidend gewesen sind, so muss eine solche Arbeit sich um so lehrreicher gestalten, wo zwei scheinbar verwandte, aber thatsächlich grundverschiedene Typen Gelegenheit zu einer vergleichenden Prüfung bieten. Um den Charakter des Hephaestos gründlicher kennen zu lernen, werfen wir zuerst einen Blick auf die Züge des Odysseus. Die Alten lehren uns, dass man diesen Heros erkannte ἀπὸ τοῦ στρυφνοῦ καὶ ἐγρηγορότος (Philostr. imag. II, 6). Στρυφνὸν im eigentlichsten Sinne würde bedeuten: von Säure zusammengezogen, lässt sich aber annähernd recht wohl übersetzen: mit (sauertöpfisch) zusammengezogenen Augenbrauen. Ein solcher Ausdruck entspricht gewiss durchaus dem homerischen Epitheton des »göttlichen Dulders« (πολύτλας) der so viele Wandlungen des Schicksals erfahren hat; aber

Kopf des Odysseus

er darf nicht ausschliesslich herrschen bei einem Helden, der es verstanden hat, siegreich aus jeder Anfechtung hervorzugehen. Darum verbindet sich mit den zusammengezogenen Augenbrauen der Ausdruck des Geweckten (ἐγρηγορός): eines Charakters, der immer wach und auf der Hut gegen jede Überraschung sich bereit hält. Gerade diese nämlichen Eigenschaften kommen in wunderbarer Vereinigung an den Formen des vaticanischen Marmors zum Ausdruck. Die zusammengezogenen und gegen die Mitte scharf gehobenen Augenbrauen, der etwas geöffnete Mund, mit der feinen und in der Mitte emporgezogenen Oberlippe, während die Mundwinkel sich herabsenken, das leicht gehobene Kinn verleihen dem Ganzen ein gewisses schmerzhaftes und pathetisches Gepräge, wie es sich häufig besonders an den Typen der Meerwesen findet. Aber wenn es bei diesen sich mit dem Ausdrucke einer tiefen Melancholie oder einer ungezügelten Leidenschaft verbindet, dient es beim Odysseus vielmehr, die lebendige Energie in anderen Formen und namentlich im Auge nur um so stärker hervortreten zu lassen: unter den zusammengezogenen Augenbrauen sammelt sich der Blick und fixiert sich mit durchdringender Schärfe auf einen gegebenen Punkt, nicht um auf demselben mit ruhigem Sinne auszuruhen, sondern bereit, sofort sich dahin zu wenden, wohin er durch einen neuen und unvermuteten Anlass gerufen werden könnte. Die gleiche Gespanntheit, Beweglichkeit und Lebendigkeit liesse sich leicht auch an andern Punkten nachweisen, wie z. B. an dem nicht kurzen und fleischigen, sondern sehnigen Halse, der jeder Bewegung des Auges zu folgen bereit ist. Doch mögen für jetzt diese wenigen Andeutungen genügen, um an ihnen den scharfen Gegensatz zwischen dem Charakter des Odysseus und des Hephaestos besonders hervorzuheben. Während der eine in der ganzen Welt herumschweift, hält sich der andere mühsam auf seinen Beinen aufrecht und verlässt kaum seine Werkstatt; während der eine stets bereit und schlagfertig jeder plötzlichen und unvorhergesehenen Gefahr ausweichen muss, besiegt der andere durch die Kraft seiner Arme, durch ruhige Überlegung und die Geschicklichkeit seiner Hände den Widerstand der Materie und gestaltet sie zu künstlerischen Formen. Erfindungsreich und arbeitsam, und dabei nicht weniger dienstfertig und bereit, sich den Bedürfnissen anderer hülfreich zu erweisen, ist er der Typus eines braven Handwerksmannes. So schildert ihn uns Homer, dessen Poesie stets und immer die unerschöpfliche Quelle für die Künstler gewesen ist. Lesen wir indessen die klassischen Verse der Ilias, welche den Besuch der Thetis bei dem Gotte schildern (XVIII, 369 ff.), so gewinnen wir wohl eine allgemeine Vorstellung von der Persönlichkeit des Gottes, aber sie scheinen nur wenige feste Haltpunkte zu gewähren, um die Hand eines Künstlers bei der Feststellung und Entwicklung der typischen und idealen Formen des Gottes zu leiten. Sehen wir von den hinkenden Beinen des Ungetüms ab (πέλωρ αἴητον ... χωλεύων), die bei einer Prüfung des Kopfes wenig in Betracht kommen können, so vermögen nur die Erwähnung des gewichtigen Nackens und der behaarten Brust (αὐχένα τε στιβαρὸν καὶ στήθεα λαχνήεντα) in unserer Phantasie eine etwas concretere Vorstellung von seinem Aussehen zu erwecken. Diese Andeutungen des Dichters können von geringer Bedeutung scheinen; aber betrachten wir nur die vaticanische Büste, so finden wir in der That eine kräftige Brust, auf der ein kurzer und dicker Hals und ein breiter und fester Nacken ruhen; und vergleichen wir jetzt die Büste des Odysseus, so werden wir uns sofort überzeugen, dass schon diese Formen allein genügen könnten, um uns die Grundverschiedenheit zwischen der flinken und unruhigen Gewandtheit des Helden und der ruhigen Gesetztheit des Gottes zum Bewusstsein zu bringen. Prüfen wir also, ob wir auf dieser Grundlage uns von den übrigen Formen des Kopfes selbst Rechenschaft zu geben im Stande sind. Wenn das Ideal in der organischen Entwicklung jeder einzelnen Form im Einklang mit allen übrigen besteht, so ergiebt sich als notwendige Folge, dass auf einem breiten und gewichtigen Nacken nicht ein dünner und dürftiger, sondern nur ein in seinen Verhältnissen mehr breiter als langer Kopf Platz finden kann. Fassen wir daher die beiden Punkte ins Auge, welche etwa das Ende des Nackens bezeichnen, nämlich den Ansatz der Ohren, so finden wir, dass die Entfernung zwischen ihnen grösser ist, als im Typus jeder anderen Gottheit. Wenden wir uns von diesen Aussenpunkten nach den mittleren Teilen, so tritt uns zunächst der Körper der Nase so kräftig und breit entgegen, dass die Augen nicht sehr nahe aneinander zu rücken im Stande sind. Daraus folgt, dass auch diese, um für den breiten Zwischenraum einen Ausgleich zu finden, sich in flacher Bildung mehr nach den Seiten ausdehnen müssen, und dass eine Queraxe, die man sich von dem äusseren Winkel des einen Auges zu dem des andern durch die innern Winkel gezogen denkt, sich als eine wenig bewegte, vielmehr fast gerade Linie darstellt. In Übereinstimmung mit diesen Formen fixiert sich der Blick nicht auf einen nahe liegenden Punkt, sondern die Axen des Blickes beider Augen stehen miteinander parallel, die Augenlider sind gleichmässig nach oben und nach unten geöffnet, und bewirken, dass das Auge in voller Ruhe die Eindrücke der Dinge aufnimmt, die sich ihm darbieten.

Gehen wir zur Umgebung des Auges über, so erkennen wir leicht, wie der Oberaugenhöhlenrand den Verlauf des oberen Augenlides begleitet: er zieht sich im Bogen darüber hin und erweitert sich nach der Seite, während in der Mitte der Stirne die Kräftigkeit der Nase ihre Fortsetzung in dem doppelten Stirnmuskel findet, der, stark entwickelt, sich hier wie zu einer einzigen Masse verbindet. Andererseits tritt auch der Backenknochen nicht mit starker Betonung hervor, sondern erstreckt sich in der Richtung des Augenknochens, mit welchem vereinigt er den natürlichen Schutz des Auges bildet, und verstärkt damit die Ausdehnung der Wange in der Vorderansicht. Endlich der Mund: breit in der Anlage ist er weder geöffnet, noch ganz geschlossen, und während die in ihren Formen wenig bewegte Oberlippe einer gewissen Feinheit, namentlich in ihrer vorderen Spitze nicht entbehrt, macht sich in der Unterlippe der Charakter grosser Kräftigkeit nochmals geltend.

So tritt überall eine Tendenz zu breiten Formen hervor, welche leicht den Eindruck des Ganzen zu einförmig und schwer erscheinen lassen könnten. Um ihn zu mildern, ohne doch die Formen selbst zu zerstören, hat deshalb der Künstler einen Ausgleich in einigen Nebendingen gesucht, die nicht so eng mit dem eigentlichen Organismus des Kopfes selbst verbunden sind, nämlich in dem Haar mit der Mütze und im Bart. Das Haar, kurz gelockt und wenig geordnet, nicht fein und schmiegsam, sondern dick und hart, tritt auf der Höhe der Stirn nur wenig unter der Mütze hervor; dann aber entwickelt es sich voller und reicher gegen die Schläfe zu und lässt die Stirn, ohne sie zu bedecken, für das Auge weniger breit erscheinen; darüber aber erhebt sich die zugespitzte Mütze und stellt sozusagen das Gleichgewicht zwischen der Höhe und der Breite des Kopfes wieder her. Der Bart scheint dicht und dick; aber bei genauerer Betrachtung werden wir inne, dass er namentlich an den Wangen sich nicht stark abhebt, dass er die darunter liegenden Formen bedeckt, aber nicht verbirgt; und indem diese, besonders die Kinnladen und das Kinn nicht in klaren Umrissen hervortreten, mässigt der Bart für das Auge das Kräftige ihrer Anlage, wie auch der Schnurbart, der sich über die Mundwinkel herabbiegt, scheinbar die Breite des Mundes selbst verringert. Erst unter dem Kinn werden die Locken etwas reicher und voller: offenbar war die Absicht des Künstlers, auch nach dieser Richtung die Länge des Gesichts zu verstärken.

Nach dieser Analyse wenden wir uns nochmals zu dem Kopfe des Odysseus zurück, der durch den Gegensatz den ganzen Wert der bisher untersuchten Formen nur um so mehr hervortreten lassen wird. An ihm befindet sich nichts Breites und Flaches; alles ist scharf zugeschnitten und strebt nach vorwärts. Die Nase ist fein und leicht gebogen; die Augen sind gehoben und die Axen des Blickes convergieren; die Augenbrauen, man möchte sagen, zugespitzt gegen die Mitte der Stirn, diese selbst stark hervortretend; der Mund endlich fein und schmal und namentlich die Oberlippe gehoben und feingegliedert, endlich das Kinn zugespitzt und hervortretend. Wenn wir also hier einem System von Formen begegnen, welches im vollsten Gegensatze zu dem des Hephaestoskopfes steht, so ist es wiederum lehrreich zu sehen, wie die Kunst sich des Beiwerkes in einem verwandten Sinne zu bedienen und dennoch durch eine leichte Umbildung der scheinbar ähnlichen Formen denselben Gegensatz im Charakter der beiden Köpfe festzuhalten verstanden hat.

Kopf des Odysseus, Seitenansicht

Das Haar des Odysseus hat über der Stirn und an den Schläfen fast den gleichen Schnitt wie das des Hephaestos, aber es ist weich und schmiegsam, und indem es der Bewegung folgend, nach rückwärts getrieben wird, lässt es die scharf ausgeprägten Formen des Gesichtes nur um so bestimmter hervortreten. Erst hinter dem vollständig bedeckten Ohre wird es reicher und länger und fällt hinter dem Genick herab, wo es den Nacken gewissermaassen verstärkt und gegen die Schmächtigkeit des Gesichts durch die Breite des gesamten Profiles ein Gegengewicht bildet. Selbst die Mütze fügt sich dieser Anordnung: bei dem Kopfe des Hephaestos ist sie von einfach kegelförmiger Gestalt und sitzt gerade auf dem Scheitel; beim Odysseus ist sie länglich und zugespitzter, und über der Stirn nach hinten gerückt, sitzt sie um so fester im Nacken, als sie sogar die Ohren bedeckt und eine grössere Portion Haare unter sich aufnimmt, so dass diese auch bei einer heftigeren Bewegung des Kopfes nicht hinderlich werden können.

Herme des Hephaestos, Seitenansicht

Endlich der Bart: er bedeckt nicht gleichmässig alle Teile, lässt die Vorderseite des Kinnes frei und setzt tiefer an den Wangen an; aber wo er vorhanden ist, sind die Locken länger und mehr hervortretend; ja sie werden unter dem Kinn ganz dicht und verstärken beträchtlich den Umfang des Kopfes, der ohne diese Zuthat zu dürftig und abgemagert erscheinen würde.

Gegenüber diesem Vergleich werden wir um so stärker die Bedeutung empfinden, welche die Formen an dem Kopfe des Hephaestos für den Ausdruck des Charakters haben. Im Nacken hat die Kraft ihren Sitz, die für die Schmiedearbeit notwendig ist; aber sie ist eine physische und materielle Kraft, die durch ihre Intensität wirkt, keine freien und flinken Bewegungen erfordert. In voller Übereinstimmung mit diesem Charakter ist nicht nur die Haltung des Kopfes fest und wenig beweglich, sondern wir finden auch im Gesicht den Ausdruck grosser Kraft, aber geringer Erregung; und namentlich diese friedfertige Ruhe ist es, welche den schärfsten Gegensatz zu dem unruhig erregten Charakter des Odysseus bildet. Im Gesicht des Odysseus ist alles zusammengezogen und zusammengefasst, um jedes

Hindernis mit scharfem Blicke und Geistesgegenwart zu besiegen; in dem des Hephaestos ist alles abgeglichen und abgewogen: kein Anzeichen von pathetischer Erregung, sondern ein gesetzter Geist, der mit ruhiger Überlegung jede Schwierigkeit abwägt und die Mittel zu finden weiss, sie zu begleichen.

Vielleicht findet in diesem Charakter ruhiger Gesetztheit oder meinetwegen Unbeweglichkeit eine Eigentümlichkeit des Kopfes ihre Erklärung, von der ich bis jetzt nicht habe sprechen wollen. Vergleichen wir nämlich die beiden Hälften des Gesichts miteinander, so werden wir an ihnen eine gewisse Ungleichheit bemerken. Die rechte (d. h. die linke vom Beschauer) hängt etwas nach dieser Seite und hat etwas Gedrücktes, besonders im Auge und im Mundwinkel. Begegnete uns eine solche Unregelmässigkeit anderswo, so müssten wir sie vielleicht auf Rechnung eines künstlerischen Ungeschickes setzen; beim Hephaestos werden wir ganz anders urteilen, wenn wir uns erinnern, dass der Gott lahm war und hinkte; wir werden in der That annehmen dürfen, dass der Künstler diesen körperlichen Mangel sogar in den Formen des Gesichtes anzudeuten versucht hat. So verstärkte er durch eine offenbare Dissonanz der Form die höhere Harmonie des Ausdrucks, die in allen Zügen herrscht und die uns in dem vaticanischen Marmor das Ideal des Gottes in so maassgebender Weise, wie in keinem anderen uns erhaltenen Werke verkörpert erscheinen lässt.

Relief einer Thonlampe

Neben dem Kopfe des Odysseus verdient auch die Statuette abgebildet zu werden, zu welcher dieser gehört, um so mehr als die Ansicht bei Clarac (832, 2087) von einer Seite aufgenommen ist, welche das Charakteristische in der ganzen Haltung der Figur nicht klar erkennen lässt. Sie ist 0,97 m. hoch; restauriert sind die Nase, die rechte Ferse, die vordere Hälfte des linken Fusses, sodann ein Teil der linken Schulter, und die beiden Arme, die wahrscheinlich das Trinkgefäss mit beiden Händen gefasst hielten. Die Handlung erklärt sich durch die Vergleichung verschiedener bei Overbeck, Heroengall.

T. 31 gesammelten Denkmäler. Zu ihnen kann ich als eine Art bildlichen Commentars das Relief einer Thonlampe fügen, die von mir in Neapel erworben, sich jetzt in der de Meester'schen Sammlung (No. 350) findet. Polyphem, von wildem Aussehen, ist sitzend dargestellt und hält einen schon getödteten Genossen des Odysseus am Arm. Dieser selbst aber streckt dem Kyklopen mit beiden Händen einen Napf entgegen, bereit, wenn nötig, die Flucht zu ergreifen. Dieser Gestalt entspricht die vaticanische Statuette so weit, dass wir sie beide als von dem gleichen Original abgeleitet betrachten dürfen, nur mit dem Unterschiede, dass die Lampe mit einer gewissen Nachlässigkeit und Übertreibung, die Statuette mit grösserer Sorgfalt und besserem Verständnis behandelt wurde, wie man besonders an der Stellung der Beine erkennt. Das linke ist vorgesetzt in der Richtung, die durch die Wendung des Kopfes und den Blick bezeichnet ist; das rechte ist leicht im Knie gebogen und der Fuss auswärts, fast nach rückwärts gestellt. So ruht das Gewicht des Körpers weder vorzugsweise auf dem einen, noch auf

Statuette des Odysseus

dem anderen Beine; und während das eine vorschreiten zu wollen scheint, scheint das andere bereit, nicht nur zurückzutreten, sondern eine volle Wendung der Schulter und der ganzen Figur vorzubereiten, um jeder etwa drohenden Gefahr auszuweichen. So durchdringt der Charakter höchster Spannung, Beweglichkeit und Lebendigkeit in gleicher Weise die Gestalt in ihrer ganzen Haltung.

Hypnos

Vortrag, gehalten am Winckelmannstage, Rom 1863.

(Tafel III.)

Der Name Winckelmanns ist in unserem Geiste auf das engste verbunden mit der Idee des Schönen und des griechischen Genius, und die Wiederkehr seiner Geburtstagsfeier scheint fast mit Notwendigkeit zu verlangen, dass man zum Gegenstand eines Vortrages ein Monument wähle, welches den Stempel eben dieses Genius trage. Aber wie unerschöpflich auch der Boden Italiens sein mag, der uns Stoff in Fülle bietet, um uns in unseren Wochensitzungen zu beschäftigen und unsere Bände zu füllen, so können wir doch nicht jeden Augenblick dafür bürgen, dass er neues ans Licht fördere, was von hervorragender Bedeutung und würdig wäre, in einer Festversammlung wie die heutige vorgelegt zu werden. In der Erwägung jedoch, dass Winckelmann seinen höchsten Ruhm nicht in der Erläuterung neuer Entdeckungen, sondern in der Ergründung des wahren Verdienstes von Werken zu finden wusste, die vor ihm eine richtige Erklärung und Würdigung noch nicht erfahren, scheint es mir seines Andenkens nicht unwürdig, wenn wir auch heute es versuchen, den wahren Wert und die wahre Bedeutung eines Denkmals ans Licht zu stellen, das, nicht erst jetzt entdeckt, wegen des Mangels einer richtigen Deutung bisher nicht einmal in der Schönheit seiner Formen verstanden werden konnte. Ich spreche von einem Bronzekopf, der, wenn auch nach einer wenig genügenden Zeichnung, bereits in den Annalen des Instituts 1856, T. III, veröffentlicht wurde. Gefunden bei Arna in der Nähe von Perugia, war es natürlich, dass er für die Arbeit eines etruskischen Künstlers gehalten wurde. Da man ausserdem wusste, dass bei Arna einst ein Heiligtum der Fortuna oder Nortia bestand,

TAF. III.

HYPNOS

so glaubte man mit dieser Gottheit einen Kopf in Beziehung setzen zu können, den man wegen der Anordnung seines Haares nicht Anstand nahm für weiblich zu erklären. Auch das Attribut der Beflügelung, das ja bei etruskischen Gottheiten und Dämonen so häufig ist, schien sich einer solchen Deutung nicht entgegenzustellen. Nichtsdestoweniger kann ich nicht leugnen, dass sich bei mir von Anfang an starke Zweifel gegen dieselbe regten: es fehlte das Überzeugende, jene Genugthuung, die man empfindet, wo das Wahre auch ohne äussere und positive Beweise durch eine glückliche Eingebung mehr erraten als gefunden ist. Ich benutzte daher einen Aufenthalt in Perugia, um Angesichts der Schönheit des Originals von den Entdeckern und Besitzern der Bronze, den Herren Bonucci, die Erlaubnis zur Abformung in Gips zu erbitten, damit ich Gelegenheit hätte, in aller Musse das Werk zu studieren und mich mit den schönen, aber eigentümlichen und vorläufig noch rätselhaften Formen vertrauter zu machen.*) Noch immer hielt ich mich an die etruskische Herkunft; bald jedoch fragte ich mich, welche Stelle dieser Bronze unter andern etruskischen Arbeiten anzuweisen sei. Und je mehr ich die Arbeit betrachtete, umsomehr fühlte ich mich betroffen: giebt es wohl, sagte ich mir, ein anderes Werk etruskischer Kunst, in dem die Gesetze des Bronzestils so streng beobachtet wären, oder ein so reiner und entschiedener Idealismus das Ganze beherrsche? Der vorliegende Kopf musste das erste, das ausgesuchteste, kurz eine Ausnahme unter allen etruskischen Werken sein oder — er ist überhaupt nicht etruskisch. Gegenüber diesem Dilemma konnte die Herkunft allein in keiner Weise mehr entscheidend sein: der nur zu offenbar rein griechische Charakter nahm seine vollen Rechte wieder in Anspruch.

Durch diese Erkenntnis auf ein ganz anderes Feld von Untersuchungen versetzt, blieb mir jedoch noch ein zweites Vorurteil zu überwinden. Der Kopf galt für weiblich; und als weiblich schien er sich in der That auf den ersten Blick durch die Haartracht zu erkennen zu geben. Aber um sich zu überzeugen, wie trügerisch eine nur auf eine solche Betrachtung gegründete Bestimmung sein könne, genügt es auf die capitolinische Büste der sogenannten Ariadne hinzuweisen, die, auch einst für weiblich gehalten, jetzt allgemein als Dionysos anerkannt ist. Prüfen wir sodann die Formen etwas näher, so haben

---

*) Seitdem ist das Original in den Besitz des britischen Museums übergegangen.

sie, anstatt weiblich zu sein, einen Anflug von Herbigkeit, der mit diesem Charakter in Widerspruch steht, und sie werden erst harmonisch, wenn wir sie betrachten nicht als weibliche, sondern als die eines Jünglings in zartem Alter.

Sind somit zwei Thatsachen festgestellt, nämlich, dass dieser Kopf nicht etruskisch ist, sondern griechisch, und dass er nicht ein weibliches, sondern ein männliches Wesen darstellt, so wird der Weg genügend geebnet sein, um zu einer neuen Deutung vorzuschreiten; ja, ich glaube sogar, dass viele von Ihnen nicht einmal warten werden, bis ich sie ausspreche, sondern bereits überzeugt sein müssen, dass niemand anderer hier dargestellt sein könne als Hypnos, der Gott des Schlafes. Allerdings finden wir ihn in römischen Monumenten mehrfach unter den Zügen eines bärtigen Alten; aber es fehlen auch nicht Beispiele des jugendlichen Gottes, und, was wichtiger ist, es findet sich unter ihnen mehrfach wiederholt ein Typus, der ohne Zweifel von einem berühmten statuarischen Werke abgeleitet ist. In demselben ist ein nackter Jüngling dargestellt, mit Flügeln am Haupte und langgelocktem, hinten im Nacken zu einem Knoten zusammengeschlungenem Haar, der mit leichtem, aber schnellem Schritte vorschreitet und in der Linken einen Mohnzweig hält, während er dazu mit der Rechten aus einem Horn einschläfernde Säfte träufelt. So sehen wir ihn auf einigen Reliefs, bei denen die Handlung keinen Zweifel über die Bedeutung der Gestalt lässt, so auch in zwei kleinen Bronzen der Museen von Florenz und Wien (arch. Zeit. 1862, T. 158). Diese Vergleiche könnten trotz einiger bemerkenswerten Verschiedenheiten, besonders in der Bildung der Flügel, immerhin genügen, um die Deutung unseres Kopfes höchst wahrscheinlich zu machen, und ich könnte sie noch weiter durch den Umstand begründen, dass zusammen mit dem Kopfe ein kleines Fragment eines Stengels mit einigen Blättern gefunden wurde, welches offenbar zu einem Mohnzweige gehörte, den die Statue in der Linken halten musste. (Der Kopf wurde gerade auf der Grenzscheide zweier Grundstücke entdeckt, wodurch der Finder verhindert wurde, die Nachforschungen nach der Statue selbst fortzusetzen.) Aber wir sind noch glücklicher und vermögen noch weiter unsere Deutung als ganz sicher und unzweifelhaft zu begründen. Im Museum zu Madrid existiert eine Marmorstatue (arch. Zeit. a. a. O. T. 157; s. d. folg. Seite), welche in ihrer ganzen Bewegung den erwähnten Reliefs und Bronzen vollkommen entspricht, und sich von ihnen nur durch den Kopf unterscheidet: dieser aber stimmt dafür merkwürdig mit der peruginer Bronze überein. Die in der Mitte gescheitelten Haare, das Band, unter dem sie gesammelt sind, um in langen Locken hinter den Ohren herabzufallen, und der Schopf im Nacken stimmen in beiden Monumenten völlig überein. Und noch entscheidender ist die aussergewöhnliche Art, in der die Flügel aus den Schläfen hervorwachsen und sich an sie anfügen, die wieder bestimmt sich unterscheidet von der Bildung, wie wir sie an den Köpfen der Medusen und anderer Flügelwesen zu finden gewohnt sind. Selbst in der Grösse scheinen die beiden Köpfe übereinzustimmen: die madrider Statue ist wenig unter Lebensgrösse, etwa von dem Maasse einer noch nicht völlig ausgewachsenen Jünglingsgestalt. Dass endlich auch der Bronzekopf zu einer Statue gehörte, und in derselben Neigung wie der Marmor von Madrid dargestellt war, ergiebt sich sicher, auch wenn wir von dem schon erwähnten kleinen Zweige

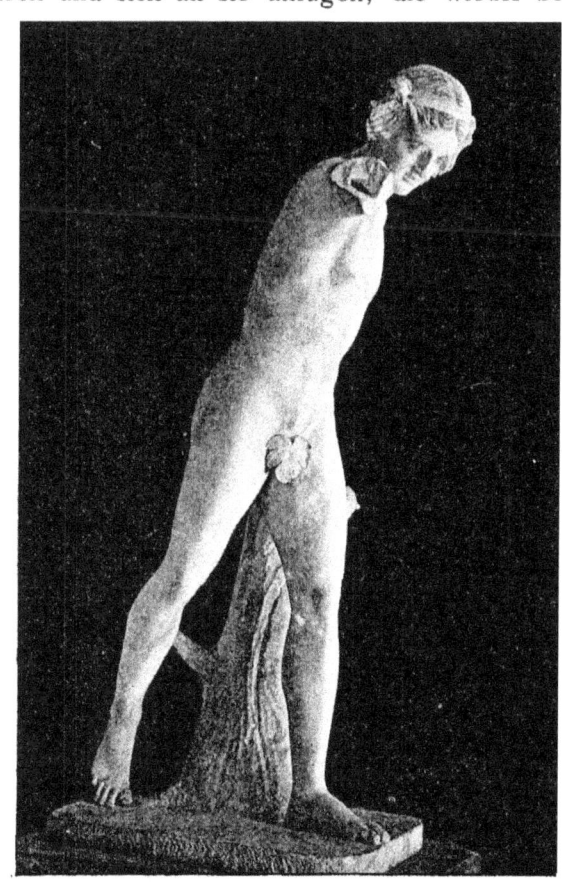

Statue des Hypnos

absehen, aus einer regelmässig abgeschnittenen ebenen Fläche hinter dem Kinn, die sich einzig aus dieser geneigten Stellung erklärt. (Wir erkennen dadurch zugleich, dass der Kopf separat gegossen und durch Lötung mit dem Halse verbunden war. So zeigen auch die Bruchstellen des jetzt verlorenen linken Flügels, dass er gesondert gearbeitet war; und das Gleiche müssen wir voraussetzen für die Locken hinter dem linken Ohre, die, an ihrem dünnen oberen Ende gebrochen, ebenfalls ursprünglich an den Kopf angelötet waren.) Die Verschiedenheit beschränkt sich also einzig auf die Ausführung, die in dem Marmor die einer etwas nachlässigen Copie ist, in der Bronze, ich will nicht sagen die des Originals, aber doch vielleicht eines Abgusses nach einem Original, von dem freilich jede andere Nachricht leider verloren gegangen ist.

Nachdem unsere Deutung gegen jeden Einwurf gesichert ist, bleibt die weit schwierigere Aufgabe, uns Rechenschaft zu geben von den Formen, durch die der Künstler es verstanden hat, die Idee des Schlafverleihers auszudrücken, und zwar — ich darf wohl Ihrer Zustimmung sicher sein — auszudrücken in wahrhaft sympathischer Weise. Sicherlich ist es schwer, in alle Geheimnisse des künstlerischen Schaffens einzudringen und klar zu beweisen, woher eben jene Sympathie entsteht. Aber wie wir durch andere Beispiele gelernt haben, dass die Formen griechischer Idealwesen nicht willkürlich vom Künstler gewählt, sondern durch eine gewisse innere Notwendigkeit vorgeschrieben waren, so muss es auch wenigstens bis zu einem gewissen Punkte möglich sein, das System der hier mit solcher Kunst dargestellten Formen zu ergründen und uns zum Bewusstsein zu bringen. Wenn wir nun fragen, welches die Grundidee war, von welcher der Künstler bei der Erschaffung seines Werkes ausging, so werden wir uns daran erinnern müssen, dass bei den Griechen lange Zeit vor der bildenden Kunst die Poesie entwickelt war; um es kurz zu sagen, Homer war es, der den Griechen ihren Olymp geschaffen, und der durch seine Dichtungen auch der Kunst ihre Formen vorgeschrieben hat. Homer also führt in der berühmten Scene des Besuches der Hera bei Zeus auf dem Ida (Il. XIV) den Schlafgott ein; aber anstatt ihn genau zu beschreiben, begnügt er sich zu erzählen, wie im entscheidenden Augenblicke dieser Dämon sich verbirgt in den Zweigen einer Tanne, unter der Gestalt eines Vogels (V. 290):

> Gleich dem tönenden Vogel, der nachts die Gebirge durchflattert,
> Chalkis von Göttern genannt, und Nachtaar unter den Menschen.

Nun vermochte allerdings der Künstler sich nicht eng an den Dichter anzuschliessen und den Schlaf unter der Gestalt eines Vogels zu bilden; und doch dürfen wir wohl bestimmt behaupten, dass die Dichtkunst ihm die Idee der Flügel bot, welche an seinem Werke als das am meisten charakteristische Merkzeichen hervortreten. Damit nicht genug: ohne eine schon im Altertum vielerörterte Frage entscheiden zu wollen, welche besondere Vogelgattung unter dem Namen Chalkis oder Kymindis zu verstehen sei, können wir wenigstens so viel sagen, dass alle übereinstimmend diese Benennung auf einen Nachtvogel beziehen: und der Flügel eines Nachtvogels ist der unseres Bronzekopfes: so versicherten mir, ohne den Grund meiner Fragen zu kennen, in vollster Unbefangenheit jagdkundige Männer. Also hinsichtlich der Gattung der Flügel befindet sich der Künstler im Einklang mit dem Dichter.

Kopf des Hypnos, Seitenansicht

Aber was veranlasste Homer, den Schlafgott in einen Nachtvogel zu verwandeln? und den Künstler, dem Gotte Flügel zu geben und diese an die Schläfe anzufügen? Die Natur bot ihm sicherlich kein Vorbild für eine solche Bildung dar. Es konnte sich also nur um eine Analogie mit Bildungen der Natur handeln, eine Analogie der Formen, die in unserer Phantasie eine Analogie des Ausdrucks bewirkt. Eine solche Analogie, wenn ich mich nicht täusche, bietet sich in einfachster Weise dar zwischen dem Flügel, welcher sich hebt und senkt, und dem Auge, welches sich öffnet und schliesst. Dass diese meine Anschauungsweise wenigstens nicht in Widerspruch steht mit den Ideen des Altertums, lässt sich durch verschiedene Darstellungen geflügelter Dämonen beweisen, an denen mitten in die Höhlung der Flügel ein grosses Auge hineingezeichnet oder gemalt ist. Der Flügel also wiederholt und verdoppelt gewissermaassen den Organismus des Auges, und verstärkt dadurch die Action und den Ausdruck desselben; und er wird dies in um so höherem Maasse leisten, in je genauere Beziehung oder Berührung er mit dem Auge selbst gesetzt wird. Da ist es nun ein eigenes, sprachlich und physiologisch noch nicht genügend erklärtes Zusammentreffen, dass nach dem Ausdrucke der Alten Hypnos seine einschläfernden Säfte ausgiesst auf die tempora, den Teil des Kopfes, den wir Schläfe nennen. Die Schläfe haben allerdings mit dem Öffnen und Schliessen des Auges direkt nichts zu thun. Ich kann mir also das Bild der Alten und den Ausdruck im Deutschen nur etwa so erklären, dass wir auf diesen im Verhältnis zur Stirnfläche zarter gebauten Teilen des Schädels bei herannahender Müdigkeit einen gewissen Druck empfinden, gewissermaassen als Vorboten des Schlafes und des Schliessens der Augen. Wenn also der Künstler die Flügel aus den Schläfen herauswachsen liess, so wird er es gethan haben im Hinblick auf diese sympathische Beziehung. Zugleich aber wird dadurch der Flügel selbst in die verlangte engste Beziehung zum Auge gesetzt und es entsteht eine vollkommene Wechselwirkung zwischen beiden, wie uns eine Prüfung der wesentlichen Formen lehren wird.

Physiologisch betrachtet senkt sich beim Nahen des Schlafes, wenn das obere Augenlid herabsinkt, der Augapfel nicht wie im Tode nach abwärts, sondern er hebt sich nach oben und die Axen der Blicke convergieren. Gerade so sind die Augen an unserem Bronzekopfe gebildet (wie sich nämlich aus der Bildung der Augenlider schliessen lässt; denn die aus einem weichen und der Zerstörung mehr unterworfenen Stoffe gebildeten Augäpfel fehlen jetzt). Der Blick ist nicht fest, sondern die gesenkten Blicke der beiden Augen (lumina luctantia; natantia) verschwimmen ineinander in geringer Entfernung vor der Spitze der Nase. Die Pupille drängt sich scharf gegen den Augenknochen, und das obere Augenlid leistet kaum der Schwere des Schlafes Widerstand; es will der matten Senkung des Kopfes folgen. Gerade nun in der Verlängerung der Axe des Blickes nach rückwärts spriesst der Flügel aus den Schläfen hervor: noch ist er ausgebreitet, aber nicht, um sich zum Fluge zu erheben, sondern um herabzusinken, wie wir an der nach oben gebogenen Spitze des Flügels selbst erkennen. Man glaubt den Moment vorauszusehen, wo er sich senken und schliessen, und zugleich im Sinken das Augenlid schliessen und in süssen Schlummer hüllen wird. Wende man mir nicht ein, dass ich auf diese Weise dem Geber des Schlafes beilege, was vielmehr die Wirkung seiner Thätigkeit auf andere sein musste. Auch das Gähnen z. B. steckt an; und so muss sich auch die Wirkung des Schlafes durchaus in sympathischer Weise äussern: der Dämon beglückt den Menschen, indem er ihn seiner eigenen Natur teilhaftig macht.[1]

Sofern ich den wahren Wert dieser Formen und Linien, in denen die Idee des ganzen Werkes ihren Sitz hat, richtig erfasst habe, dürfte ein wesentlicher Schritt zum Verständnis dieser ausgezeichneten Bronze gemacht sein. Es bleibt aber noch die weitere Aufgabe, zu erforschen, durch welche Mittel der Künstler von diesem Ausgangspunkte aus alle übrigen Formen in vollkommener Harmonie zu entwickeln verstanden hat.

Es leuchtet ein, dass die besondere Art des Herauswachsens der Flügel einen entscheidenden Einfluss auf die Gestaltung der andern, besonders der nächstliegenden Teile ausüben muss. Wollten wir Flügel an eine ebene, zarte und mürbe Stirn ansetzen, so würden wir Gefahr laufen, dieselbe unter einem solchen Gewicht auseinderzusprengen. Sie muss vielmehr eine feste, dauerhafte Grundlage darbieten; und aus diesem Grunde tritt sie in der Mitte kräftig hervor, und ohne den fleischigen Teilen eine üppige Entwicklung zu gestatten, zeigt sie vielmehr eine feine, harte und widerstandsfähige Bildung des Knochenbaues. Wenn ferner in griechischen Bildungen der Nasenrücken breit und eben zu sein pflegt, erscheint er hier schmal und scharf zugeschnitten; und während die inneren Augenwinkel tief einsetzen, macht sich auch an der Nasenwurzel der gleiche Charakter knapper Feinheit und Schärfe in bestimmter Weise geltend. So hat der ganze obere Teil, der mit den Flügeln in so enge Beziehung gesetzt ist, in seinen Formen und Zügen entschieden etwas von einem Vogelgesicht.

---

[1] Vergleiche die reiche Sammlung von Stellen der Alten über den Schlaf in dem Artikel von G. Krüger: Hermes und Hypnos, in d. Jahrb. f. klass. Philol. 1863, S. 289 ff.

Trotzdem dürften die Flügel wegen ihrer Grösse ein zu schweres Gewicht zu bilden scheinen, um von dem Stirnknochen getragen werden zu können. Um so mehr haben wir Anlass, das feine Verständnis der Griechen in der Verwendung des Beiwerkes nach der Richtung zu bewundern, dass sich dasselbe aufs engste mit dem Organismus verbindet, ja denselben in seinen Formen nur noch weiter zu entwickeln scheint. Das breite Band über der Stirn scheint in erster Linie nur bestimmt, das lange Haar äusserlich zusammenzuhalten, um zu verhindern, dass es bei der schnellen Bewegung der Gestalt nicht regellos umherflattere; aber in Wahrheit umfasst es, nicht eine Binde, sondern ein fester Reif, den Schädel, schützt ihn und verleiht ihm einen grösseren Halt, um das Gewicht der Flügel tragen zu können.

Ein nicht geringeres Verständnis offenbart sich in der Anordnung des Haares, das, in der Mitte geteilt und hinter dem Ansatz der Flügel zurückgestrichen, in einen Knoten geknüpft ist, um dann in schönen Locken hinter den Ohren herabzufallen. Wir freuen uns an der geschmackvollen Eleganz; aber während wir in den beiden Knoten nur einen schönen Schmuck zu erkennen glauben, der die scharfe Ecke zwischen dem Flügel und dem Kopfe ausfüllen sollte, hat der Künstler dadurch noch einen höheren Zweck zu erreichen verstanden. Die Anordnung dieser Locken gestattet allerdings den Flügeln, sich zu entfalten, aber hindert sie, sich hoch zu erheben, und so gewinnen wir unbewusst den Eindruck, dass der Dämon sich nicht zu kühnem Fluge in die Luft erheben will, sondern dass die Flügel leise schwingen, flattern und schliesslich sich senken und schliessen werden.

Gehen wir jetzt zur Prüfung der unteren Gesichtsteile über, so finden wir hier den Charakter der Formen in gewissem Sinne geradezu umgewandelt; und in der That, wenn der Künstler bei dem nämlichen System hätte verharren und die feinen und scharfen Formen des Knochenbaues noch länger hätte vorherrschen lassen wollen, so würde die ganze Arbeit leicht hart und trocken geworden sein. Aber wenn er sich bei dem oberen Teil von der Analogie der Gesetze leiten liess, welche in dem Bau und dem Organismus des Vogels walten, so wird eine genauere Prüfung uns zeigen, dass er sich von ihr auch in dem unteren Teile nicht entfernte. Bei dem Vogel lassen der obere Umriss des Flügels und das Vorspringen des Brustbeins, welches wie der Kiel eines Schiffes die Luft spalten und durschschneiden muss, einen feinen und scharf zugeschliffenen Bau erkennen; daran aber fügt sich der übrige Körper in weicheren und volleren Formen an, in denen sich der Knochenbau fast ganz dem Auge entzieht. So wechselt auch in dem Kopfe des Schlafgottes der Charakter in dem Sinne, dass der untere Teil gewissermaassen das gerade Gegenteil zum oberen Teil bildet. Wo das Gewicht der Flügel aufhört, seinen Einfluss zu üben, nämlich in den Teilen unterhalb des Auges und in den Wangen, fangen die fleischigeren und weicheren Teile an zu überwiegen; und während durch die Neigung des Kopfes die Unterkehle gegen den Hals gedrängt wird und den unteren Teil der Wangen so zusammendrückt, dass der genauere Umriss der Kinnlade verschwindet, entsteht hier ein Überschuss von Weichheit, der sich in noch verstärktem Maasse geltend macht durch die Verkürzung, in welcher der ganze untere Teil des Gesichts durch die Neigung des Kopfes sich uns darstellt. Nichtsdestoweniger hat der Künstler die Mittel zu finden verstanden, um jede Disharmonie zu vermeiden: er hat die beiden scheinbar sich widersprechenden Charaktere, die uns in diesem Kopfe entgegentraten, vermittelt und versöhnt durch die Bildung des Mundes und des Kinnes. In Übereinstimmung mit der Feinheit der Nase ist die Oberlippe des leise geöffneten Mundes kurz und wenig nach oben gezogen, aber in ihren zarten und feinen Formen von wohl gezeichneten Umrissen umschrieben. Dagegen verleugnet sich in der Fülle und Weichheit der sanft gesenkten Unterlippe nicht eine enge Beziehung zu dem verwandten Charakter der Wangen. Endlich aber fügt sich darunter wie eine solide Basis die vordere Fläche des Kinnes ein, das in seiner Gestaltung durchaus durch die Bildung des Knochens bedingt erscheint. Hier also im Kinn geht alles zusammen und vereinigt sich zu schöner Harmonie. Denn einesteils wird in der knappen Bestimmtheit seiner Umrisse der Charakter der oberen Gesichtsteile wieder aufgenommen und findet hier seine Ergänzung, andernteils wirkt die Festigkeit seines Baues als eine Verstärkung und als ein fest zusammenschliessendes Band für die weichen Formen der Wangen und der Unterlippe, die ohne solche Stütze leicht den Eindruck einer gewissen Verschwommenheit machen würden.

Nach dieser analytischen Prüfung der Hauptformen überlasse ich es Ihren Augen, sich immer mehr in die Schönheit dieser ausgezeichneten Bronze zu vertiefen. Denn wenn ich fortfahren wollte, ein nach allen Richtungen so durchgebildetes und vollendetes Werk mit Worten zu schildern, welche seine Schönheiten doch mehr nur anzudeuten, als erschöpfend darzulegen vermöchten, wenn ich noch länger von Müdigkeit und Mattigkeit zu Ihnen reden wollte, so dürfte es sich ereignen, dass, wie ein römischer Dichter (Silius Ital. Pun. X, 354 ff.), man möchte beinahe glauben, Angesichts dieses Kopfes dichtete, dass, sage ich,

>   der güt'ge Dämon schweigend, unvermerkt Euch nahe,
>   am mild geneigten Haupt die duft'gen Schwingen schüttelnd,
>   und mit der Lethe Zweig die Schläfe sanft berührend
>   des Schlummers Thau Euch auf die Augen träufle:

>   per tacitum allapsus
>   . . . .   quatit inde soporas
>   devexo capiti pennas oculisque quietem
>   irrorat, tangens Lethaea tempora virga.

Meermedusa, bronzener Henkelansatz aus Pompei

Meermedusa

1864.

Die hier abgebildete Bronze, welche einst als Henkelansatz zum Schmucke eines Gefässes gedient zu haben scheint, befand sich im Jahre 1858 im Besitze der mit einem Grafen Rossi in Rom vermählten Prinzessin von Sachsen. Da deren Sammlung fast ausschliesslich Gegenstände des Mittelalters und der Renaissance enthielt, so erklärt es sich leicht, dass in einer Sitzung des archäologischen Instituts gewisse Zweifel an ihrem antiken Ursprunge geäussert wurden. Später jedoch wurde mir berichtet, dass die genannte Fürstin sie zum Geschenk erhalten habe als Erinnerung an eine in ihrer Gegenwart in Pompei ausgeführte Ausgrabung, und diese Erzählung erhält eine indirecte Bestätigung durch die Vergleichung anderer pompeianischer Funde, denen sie sich vortrefflich anreiht. Zunächst gehören hierher zwei pompeianische Bronzehenkel der de Meesterschen Sammlung (No. 743), an denen ein Delphin mit der Maske eines Meerdämons von verwandtem Charakter verbunden ist (s. die folg. Seite). Etwas weiter entwickelt kehrt der gleiche Charakter in einer andern pompeianischen

Maske wieder: Mus. borb. XIII, t. 27. Noch grösser ist die Ähnlichkeit mit einem weiteren pompeianischen Henkel: Mus. borb. V, t. 43 (s. die Schlussvignette). Aber wenn die ersten Typen durchaus einfach behandelt sind, so ist der letztere in seiner Erfindung sogar noch complicierter, als die vorliegende Bronze, so dass diese in der ganzen Typenreihe eine mittlere Stellung einnimmt. Die Vergleichungen verbürgen nach meiner Ansicht nicht nur die Echtheit, sondern können uns sogar den Beweis für die künstlerische Überlegenheit gegenüber den andern liefern. In den de Meesterschen Bronzen ist der Meerescharakter nicht sowohl entwickelt, als nur angedeutet durch den melancholischen Charakter des Gesichts, in dem wenig geordneten Haar, in dem Blatt der Wasserpflanze, auf dem der Kopf ruht, und in dem darüber sich erhebenden Delphin. In der zunächst verwandten Maske ist die Pflanze bereits mit dem Organismus der Backen verbunden. In der dritten Bronze herrscht der Typus der Medusa vor; und der Künstler hat von ihm namentlich das Getier im Haar und die Schlangen unter dem Kinn einfach herübergenommen. Die Blätter und die in das wilde Haar verflochtenen Tiere und die Delphine unter den Schlangen sind sehr geschickt angebracht, aber nicht eng mit dem Organismus des Kopfes selbst verbunden. Im Gesicht ist allerdings die Umbildung des leichten Haarwuchses in Wasserpflanzen angedeutet; nichtsdestoweniger bewahren alle Formen noch einen festeren und substanzielleren Charakter, als wir sonst bei den Wesen des feuchten Elementes zu begegnen pflegen, wodurch

Pompeian. Bronzehenkel

der Ausdruck einen Charakter von rauher Wildheit annimmt, welcher mehr an die Typen barbarischer Völker, als an Meerwesen erinnert. In der hier publicierten Bronze ist dagegen der Meerescharakter in einer wunderbaren Harmonie entwickelt. Die runden und weit geöffneten Augen mit starrem und unbeweglichem Blicke, kaltem und trübem Ausdruck dürfen mit vollstem Rechte als Fischaugen bezeichnet werden. Die Augenbrauen, welche der Bewegung der Augenlider folgen, und die anliegenden Teile der Stirn sind üppig entwickelt; aber es herrscht dort nicht sowohl ein energisches animalisches Leben, als eine geile

Vegetation, als Wirkung des Elementes, an das die ganze Existenz dieses Wesens auf das engste gebunden ist. Noch maassgebender erscheint die Wirkung dieses Elementes in dem unteren Teile des Gesichtes, wo unter seinem Einfluss die zarte Haut der Wangen sich in Wasserpflanzen verwandelt und der feste Umriss der Kinnlade und des Kinnes sich der gleichen Metamorphose unterwerfen muss. Aber mitten in dieser Auflösung, diesem Zerfliessen der menschlichen Formen findet diese wundersame Erscheinung wieder einen menschlichen Ausdruck in dem von schmerzlicher und leidenschaftlicher Melancholie ermatteten Munde. Meisterhaft ist das Haar behandelt, das in seinen schönen wogenden Linien in unserer Phantasie das Bild der Meereswogen erweckt, und so dem Künstler Gelegenheit bot, das Symbolische seiner Formensprache noch weiter zu entwickeln, ohne doch den Typus des Menschlichen weiter zu schädigen: anstatt der in das Haar geflochtenen Blätter der neapolitaner Maske tauchen sozusagen aus diesen Wellen zwei Ohren auf. Meersatyrohren könnte man sie nennen, — und die Flügel der Medusa sind in Fischflossen verwandelt. Bis hierher haben wir kein Attribut oder Ornament, welches äusserlich angefügt wäre; alles ist in organische Verbindung gesetzt mit den Formen und mit der inneren Natur des Kopfes selbst. Nur an dem unteren Teile erwiesen sich gewisse Zuthaten als unerlässlich. An anderen Köpfen von verwandter Art und Verwendung bot sich fast ungesucht der Bart dar, um den Übergang von der Maske zu den tektonischen Formen des Gefässes zu vermitteln; bei den Medusenmasken von ähnlicher Bestimmung leisten die unter dem Kinn zusammengeschlungenen Schlangen einen ähnlichen Dienst: hier aber hat der Künstler es nicht weniger gut verstanden, die Erzeugnisse des besonderen Elementes für seine Zwecke zu verwenden. Während die schon aufgelösten menschlichen Formen des Kinnes eine erste Stütze durch eine Muschel erhalten, umschreiben zwei aus den Wellen des Haares hervorschnellende Delphine die Umrisse der Kinnlade und beissen sich mit ihrem Munde in eine Art »Meerfrucht« fest, welche die Composition schliesst, wie der Schlussstein eines Bogens. Nichtsdestoweniger würden diese nach ihrer Natur und in ihren Bewegungen so unbeständigen Wesen sich wenig zur Erfüllung des architektonischen Zweckes geeignet erweisen, die Composition zusammenzuschliessen, wenn der Künstler nicht in geistreicher Weise es verstanden hätte, sie auf das engste zu verknüpfen, nämlich durch Hinzufügen einiger Arme von Meerpolypen, die wie geschaffen erscheinen, in der Ökonomie des Meeres Bänder und Fäden zu ersetzen.

Wir haben bis jetzt die Formen unsrer Bronze geprüft, ohne uns um die mythologische Benennung zu kümmern, die ihr zukommen möchte. Gewiss wollen wir der Mythologie das Recht nicht absprechen, im Hinblick auf dieses und auf ähnliche Monumente den tieferen Beziehungen nachzugehen, die zwischen Wesen von der Natur der Gorgonen, der Hekate, der Skylla bestanden haben mögen, wie z. B. von Gaedechens (Glaukos S. 87) versucht worden ist. Überlegen wir indessen, dass die hier erwähnten Bronzen nicht Gegenständen des religiösen Cultus angehören, sondern an schönen, aber zum Gebrauche des gewöhnlichen Lebens bestimmten Gefässen sich befinden, so glaube ich, dass wir einen grossen Anteil an ihrer Erfindung dem poetisch-künstlerischen Genius zuweisen müssen, unabhängig von tieferen religiösen und mythologischen Ideen. Nachdem die griechische Kunst die Idealformen der Cultusgottheiten festgestellt, bevölkert sie den Olymp mit einer ganzen Schaar von Wesen wie Grazien, Horen, Eroten, dem gesamten bacchischen Thiasos, in denen die ganze geistige Macht und die verschiedenen moralischen und physischen Eigenschaften der Götter selbst menschliche Gestalt annahmen. Und nicht zufrieden mit dem Olymp und der Erde, wandten sich die Künstler auch weiter zu dem feuchten Elemente des Meeres. Auch dieses hatte, sozusagen, seinen Thiasos. Aber die Mythologie, die sich zumeist mit allgemeinen Kategorien, wie Nereiden und Tritonen begnügte, bot nicht so scharfgezeichnete Personifikationen dar, wie sie von der bildenden Kunst erfordert werden. Es war daher natürlich, dass die Kunst, um diese Lücke auszufüllen, zur Analogie mit den Wesen des Olymps und der Erde ihre Zuflucht nahm. Um nur ein Beispiel anzuführen, so finden wir in dem Hochzeitszuge des Poseidon und der Amphitrite auf dem schönen Relief, früher im Palast Santa Croce, jetzt in der Glyptothek zu München (No. 115), eine Festbegleitung von Frauen, die wir ohne Zweifel Nereiden nennen dürfen. Bei einer genaueren Betrachtung der Anordnung und besonderen Verteilung dieser Figuren jedoch werden wir nicht Anstand nehmen, zu behaupten, dass der Künstler in die Kategorie der Nereiden sehr bestimmte Unterabteilungen eingeführt und die Dämonologie des Meeres mit einer Brautführerin, mit Grazien und Horen ausgestattet hat. Schon von anderen Seiten ist betont worden, dass für die mannigfaltigen

Bildungen der Tritonen und verschiedenen Meertiere der bacchische Thiasos förmlich als Vorbild gedient hat. Betrachten wir also unsre Bronze unter diesem Gesichtspunkte, so müssen wir von der unleugbaren Analogie betroffen werden, welche sie mit den Bildungen der Medusa darbietet, und wenn wir auch zugeben, dass wir durchaus berechtigt sein dürften, sie als Skylla zu bezeichnen, so glaube ich doch, dass sich unsre Phantasie eine weit lebendigere Vorstellung von dieser wunderbaren künstlerischen Schöpfung machen wird, wenn wir sie einfach Meermedusa nennen.

Bronzener Henkelansatz aus Pompei

Demeter von Knidos

Vortrag, gehalten auf der Philologenversammlung zu Innsbruck, 1874.

(Tafel IV.)

»In Schönheit der Form steht die Kunst der Hellenen unerreicht da; in Tiefe des Ausdrucks wird sie von der christlichen Kunst übertroffen.« Diesen Satz, der noch heute eine fast dogmatische Geltung für sich in Anspruch nimmt, möchte ich Ihrer Prüfung anheimgeben, indem ich es unternehme, Ihnen den Kopf einer griechischen Göttin vorzuführen, dessen schlichte Anspruchslosigkeit von vornherein die Gewähr bietet, dass es dem Künstler keineswegs um die Entfaltung glänzender rein formaler Schönheit zu thun war. Derselbe nimmt unter den vielen wertvollen Bereicherungen, welche das britische Museum dem einsichtsvollen Eifer Ch. Newtons verdankt, eine hervorragende Stellung ein. Am Ende der fünfziger Jahre, als durch ihn die Reste des Mausoleums ans Licht gezogen wurden, untersuchte er auch in Knidos an der südwestlichen Spitze Kleinasiens, der Stadt, welche sich des Besitzes eines der gefeiertsten Kunstwerke des Altertums, der Aphrodite des Praxiteles, rühmte, eine schmale, unter einer steilen Felswand hinlaufende Terrasse und fand daselbst unter andern Sculpturen die Statue einer sitzenden Frauengestalt aus schieferigem Marmor, der leider an vielen Stellen durch den Einfluss der Zeit stark gelitten hat. Doch ist namentlich am obern Teile der Mantel vortrefflich erhalten, der in den reichsten und feinsten Falten, aber im ungesuchtesten, scheinbar nachlässigen Wurfe den Körper vollständig einhüllt. Arme und Kopf fehlten; letzterer aber fand sich abgesondert vom Körper, aus tadellosem parischen Marmor gearbeitet und genau auf die Schultern der Statue passend. Die Spuren der Zusammenfügung waren im Altertum offenbar durch den jetzt verschwundenen Farbenschmuck

TAF. IV.

DEMETER VON KNIDOS

dem Auge des Beschauers entzogen. Inschriften lehrten, dass der Ort der Demeter, Persephone und dem Pluton Epimachos geweiht war, und so nahm der Entdecker keinen Anstand, in der Statue die erste dieser Gottheiten, Demeter selbst, zu erkennen. Wir werden uns von der Richtigkeit dieser Benennung zunächst durch einen kurzen Blick auf die Natur und das Wesen der Göttin überzeugen.

Demeter ist ihrem Namen nach nichts anderes als die Mutter Erde und also ursprünglich von Gaea kaum unterschieden. Erst im Laufe der Zeit und durch die Entwicklung der Culte an verschiedenen Orten trennten sich die beiden Göttinnen in der Richtung, dass Gaea mehr die Materie des Erdkörpers bezeichnet, Demeter dagegen mehr als die Erzeugerin und Ernährerin dessen, was auf der Erde wächst, hervortritt. So wird sie Göttin des Ackerbaues und damit Göttin der gesetzlichen Ordnungen, welche mit dem Fortschreiten der Cultur vom Nomadenleben zum Ackerbau notwendig verbunden sind. Ihre Tochter Persephone ist zunächst nichts als die Frucht des Feldes. Das Saatkorn muss dem Schoosse der Erde anvertraut werden, muss selbst vergehen, dem Tode geweiht werden, damit aus ihm die neue Frucht, ein neues Leben entstehe. Dieser Naturprozess ist es, der in der Sage vom Raube der Persephone seine poetische Gestaltung erhalten hat. Persephone wird von blumiger Wiese aus der Mitte ihrer Gespielinnen von Pluton, dem Todesgotte, aber auch dem Gotte der fruchtbaren Erdtiefe, entführt. Demeter hört den Schrei der Tochter; in verzweiflungsvollem Schmerze einer Mutter, der man ihr einziges Kind geraubt, eilt sie in fliegender Hast über Land und Meer, sie zu suchen, ohne Speise und Trank zu sich zu nehmen; aber lange vergeblich, bis sie von Helios, dem allsehenden, den Zusammenhang der Thatsachen erfährt. In Zorn und Verzweiflung zieht sie sich von der Welt zurück, die Fruchtbarkeit der Erde vergeht und Zeus, der oberste Lenker der Welt, ist gezwungen, an ihre Versöhnung zu denken. Es wird ein Vertrag mit dem Räuber der Tochter geschlossen: mit jedem Frühjahr steigt diese aus der Tiefe hervor und lebt bei der Mutter, und mit jedem Herbste steigt sie wieder hinab: ein Bild des im Wechsel der Jahreszeiten entstehenden und verschwindenden vegetativen Lebens der Erde, aber zugleich auch ein Bild der Metamorphose des zwischen Tod und Leben schwankenden irdischen Daseins überhaupt. So vertieft sich der Mythus und erfüllt sich plötzlich mit einem rein ethischen, religiösen Gehalt. Wie weit sich hieraus ein Glaube an ein Fortleben nach dem Tode, an eine Wiederauferstehung, eine eigentliche Unsterblichkeitslehre entwickelt habe, das im Einzelnen darzulegen sind wir freilich nicht im Stande; es bildet das den Inhalt der durch das ganze Altertum hindurch mit einer bewundernswerten Strenge als Geheimnis gewahrten Mysterien von Eleusis.

»Demeter, die du auferzogest meinen Geist,
Gieb, dass ich würdig deiner heil'gen Weihen sei«:

betet Aeschylos. Sophokles aber singt:

»Wie dreimal selig die
Der Menschen, die, nachdem sie diese Weih'n geschaut
Zum Hades geh'n; denn diesen ist allein verlieh'n
Zu leben und den andern nichts als Elend dort«.

Solche Worte lassen uns die tiefe Bedeutung der Mysterien ahnen, die in der That den Kern der ethischen Religion in der Blütezeit des Hellenentums bilden, so dass ihnen gegenüber der naive Götterglaube, wie ihn die Poesie Homers gestaltet, gänzlich in den Hintergrund tritt.

Je offenbarer hier die alte Naturreligion eine rein ethische Umbildung erfahren hat, um so lehrreicher muss es uns sein, zu erforschen, ob und wieweit es dem Künstler gelungen ist, die Göttin nach dem ganzen Umfange ihres Wesens dem gläubigen Griechen in sichtbarer Gestalt vor Augen zu stellen. In der einzelnen Cultusstatue und noch mehr in dem einzelnen Götterkopfe fehlt jede Beziehung auf eine bestimmte Handlung, die zu äusserlicher Verdeutlichung dienen könnte. Höchstens ein Attribut, ein Schmuck bietet eine Ergänzung dessen, was sich in den Formen selbst aussprechen muss. Wird sich aber der Künstler begnügen können, wie ein alter Rhetor meint, sich den Zeus vorzustellen »mit dem Himmel, den Jahreszeiten und den Gestirnen«? Das ist ein viel zu weites und unbestimmtes Bild; der Künstler braucht eine einfache, fassbare Idee; und er findet sie, indem er uns den Zeus darstellt als König und Vater: wie der Vater das Haupt der Familie, der König das Haupt und der Vater seines Volkes, so ist Zeus der König und Vater der Götter und der Menschen. In ihm vereinigt sich die Kraft und Autorität des Herrschers mit der Gewährung verheissenden Milde des Vaters. Im Gegensatz zu ihm ist Pluton-Serapis zwar auch Herrscher, aber Herrscher nach unerbittlichem Gesetz, nach unabänderlicher Notwendigkeit, welche keine Milde kennt, nichts zu gewähren, sondern nur zu versagen vermag.

Dem Zeus zur Seite steht Hera als Königin und Gattin. Sie hat teil an der Hoheit des Gemahls, aber als Gattin wahrt sie mit Eifersucht ihren Anteil an der Herrschaft: auch im Olymp fehlt es nicht an häuslichen Scenen. Dagegen tritt bei ihr der Begriff der Mutter, der ihr nach ihrer ursprünglichen Bedeutung nicht fremd ist, völlig in den Hintergrund. Gerade umgekehrt ist aus dem Bilde der Demeter der Begriff der Gattin völlig verschwunden. Ursprünglich hat sie allerdings im Verhältnis zu Zeus eine ähnliche Stellung wie Hera: die im Schoosse der Erde ruhende Fruchtbarkeit wird ins Leben gerufen durch den Einfluss des Himmels in den Jahreszeiten: Zeus wird der Vater der Persephone. Aber dieses entferntere physische Verhältnis wird völlig verdunkelt durch das weit nähere der mütterlichen Erde zu der ihr entsprossenden Frucht, durch das Verhältnis der Mutter zur Tochter. Die Idee der Mutter ist es, welche die ganze Mythologie der Demeter beherrscht, der Mutter, die ohne Gatten nur für ihr Kind lebt, die ihr Kind dahingeben muss und von Sehnsucht nach ihm erfüllt bleibt, von einer Sehnsucht, die auch durch zeitweiliges Wiedersehen nicht gestillt, nicht vertilgt werden kann. Wenn demnach ein Bild der Demeter nicht wohl gedacht werden kann, ohne dass in ihm die Idee der Mutter ihren sprechenden und klaren Ausdruck fände, so wird auch eine oberflächliche Betrachtung des Kopfes von Knidos genügen, um in Ihnen das Gefühl, die Empfindung zu erwecken, dass hier das Problem in glücklichster Weise gelöst ist. Der Künstler schuf einen nicht mehr jugendlichen, aber auch vom Alter noch nicht berührten Frauenkopf, ohne äusseren Schmuck; denn auch ihr Schleier ist nicht eigentlich ein Schmuck: einen Wittwenschleier möchte ich ihn nennen. In den Zügen des Antlitzes aber mischt sich mit einer unaussprechlichen Weichheit und liebevollen Milde der Ausdruck eines durch die Zeit zwar gemilderten, aber nicht vertilgten Schmerzes, einer sehnsuchtsvollen Wehmut.

Sind wir sofort über den allgemeinen Eindruck im Klaren, so ist doch damit die Frage noch keineswegs beantwortet, wodurch dieser Eindruck begründet ist, durch welche Mittel ihn der Künstler erzielt hat. Diesen Nachweis an einem Kopfe zu liefern, dessen weicher und milder Ausdruck sich in zarten, wenig bewegten Formen ausspricht, hat freilich seine besonderen Schwierigkeiten. Es wird daher gestattet sein, sich diesem Ziele nicht auf dem geradesten, sondern auf einem Umwege zu nähern, nämlich durch die Vergleichung eines anderen

Kopfes, der dem Gegenstande und der künstlerischen Behandlung nach weit abliegt, an dem wir aber bei genauerer Betrachtung eine Reihe gemeinsamer Züge erkennen werden, nur dass, was an der Demeter wie in leisen Schwingungen zart angedeutet ist, hier wie im wilden Sturme der Leidenschaft einen energischen und fast übertriebenen, aber eben darum desto leichter fassbaren Ausdruck gefunden hat.

Der Kopf, den Sie hier sehen, gehört der fragmentierten Statue eines Triton im vaticanischen Museum an (Visconti Mus. Pio-Cl. I, 34; s. die Abb. auf der folg. S.), eines jener vielgestaltigen Wesen, mit denen die Phantasie der griechischen Künstler das Element des Meeres in ähnlicher Weise wie den Wald und die Flur mit Kentauren, Satyrn uud Nymphen belebt hat. Diese Wesen leben nicht nur in diesem Element, sondern sie sind das Element in menschlicher Gestalt, das Bild des Geistes, der in diesem Elemente waltet, oder vielleicht richtiger das Bild der Natur, wie es sich in unserem Geiste spiegelt, das zur Person gewordene landschaftliche Bild. Vor uns ausgebreitet, im Sonnenlicht erglänzend liegt die weite Fläche des Meeres; ein leiser Lufthauch berührt es und kräuselt leicht seine Oberfläche; der Wind weht stärker und es heben sich die Wellen, der Sturm bricht los und das wild erregte Element stürzt sich auf die Veste der Erde, als wolle es dieselbe in den Abgrund stürzen und verschlingen. Nie aber, auch wenn der Sturm sich legt, gelangt es zu vollständiger, dauernder Ruhe. Dieser Charakter leichter Erregbarkeit tritt überall hervor, wo dem feuchten Element von Poesie oder Kunst Persönlichkeit geliehen wird. An ihr Element gebannt streben diese Gestalten stets nach Vereinigung mit den Geschöpfen der Erde. Bald mit wehmütiger Klage, bald mit wilder Gewalt suchen sie dieselben zu locken, zu bezwingen, und doch wird ihre Sehnsucht nie auf die Dauer gestillt. Bei dem alten Okeanos zwar, der in ruhigem Sonnenschein aus der Tiefe des Meeres auftaucht (s. u. den Aufsatz üb. d. Personification des Meeres), hat das Alter die Leidenschaften gemildert und nur eine leise Sehnsucht spricht noch aus seinen Mienen. Der feurige Jüngling dagegen, wie wir ihn in dem vaticanischen Triton erblicken, ist durchglüht von Leidenschaft: mit stürmischer Gewalt sucht er den Gegenstand derselben zu erringen; aber selbst wenn er das eine Ziel erreicht, würde doch sein Sehnen nicht auf die Dauer gestillt sein. Eben dieses ungestillte Sehnen ist der Grundton, in dem sich das Wesen der Demeter und das des Triton begegnen, und wenn es nun an dem letzteren in der höchsten Steigerung, die überhaupt möglich ist, fast gewaltsam hervorbricht, so müssen eben darum die künstlerischen Formen, in denen es zur Darstellung gelangt, an dem Kopfe des Triton in augenfälligerer Weise hervortreten, als an dem der Demeter.

Kopf eines Triton

Der Sitz des Ausdrucks, der Spiegel der Seele ist das Auge. Wo aber auf das Auge ein starker Affect dauernd wirkt, da schwindet das Volumen des Fettpolsters, in welches das Auge gebettet ist; es schwindet besonders unter dem äusseren Augenwinkel, so dass namentlich hier das Auge eingefallen erscheinen muss. Wo ferner unser Gemüt von einer lebhaften Sehnsucht erfasst wird, da richtet sich unser Blick von den Dingen der sichtbaren nahen Umgebung weg nach oben und in die Ferne. Der Gegenstand unserer Sehnsucht, höher als das, was wir besitzen, aber noch erreichbar, bannt den Blick gleichsam zwischen Himmel und Erde. Plastisch darstellbar ist aber ein solcher Blick nur, indem der Augapfel in seiner verticalen Axe nicht etwa wie bei dem Gewährung zunickenden Auge des Zeus nach vorwärts, sondern etwas nach rückwärts geneigt ist, während gleichzeitig die Seh-Axen der beiden Augen leise nach innen gewendet convergieren, und ihr Blick sich in einem nicht zu nahe gelegenen Punkte begegnet und schneidet. Natürlich wird von diesen Affecten die nächste Umgebung des Auges in unmittelbare Mitleidenschaft gezogen. Dem Aufschlagen des Augenlides folgt das Aufziehen der Augenbrauen durch die Contraction des Stirnmuskels, die hier um so stärker auftritt, je mehr durch die leidenschaftliche Aufregung die Muskelthätigkeit überhaupt gesteigert wird. Hierdurch gewinnt der Blick erst seine Tiefe und zugleich durch die am Ansatz der Augenbrauen scharf gebrochenen Winkel der Stirnhaut seine bestimmt ausgesprochene Richtung, so dass wohl kaum ein anderer Kopf existiert, an dem ein tief innerliches, leidenschaftliches Pathos in so scharfen Formen ausgeprägt wäre. Alle diese Empfindungen aber müssen ihren notwendigen Reflex da finden, wo die eigentlich physische Lebensthätigkeit sich äussert, wo der das Leben in Bewegung erhaltende Atem ein- und ausströmt, am Munde. Jenes Sehnen erzeugt ein Gefühl von Beklemmung, und so öffnet sich der Mund mehr als gewöhnlich; und wie oben an der Stirn alles scharf zusammen- und emporgezogen ist, so erscheint auch der Mund schmal, die Oberlippe spitz und stark gehoben, während sich die Mundwinkel schmerzhaft herabsenken: man möchte glauben, zwischen den geöffneten Lippen ein leises, gepresstes Stöhnen hervordringen zu hören. In Folge dessen aber hebt sich das Kinn und wirft den ganzen Kopf etwas auf den Nacken zurück und leise zur Seite, so dass in den Halsmuskeln eine starke Spannung erscheint.

Ich gehe nicht weiter auf einzelne Formen ein. Das wildbewegte, von Feuchtigkeit schwere Haar gehört dem Element, in welchem der Triton sich bewegt. In den Satyr-Ohren aber spricht sich der Zusammenhang mit der Tierwelt aus, auf dem es beruht, dass die ganze

Leidenschaft nicht einen geistig idealen, sondern einen überwiegend sinnlichen Charakter trägt. Haar und Ohren können also nicht in Betracht kommen, wo es sich um Vergleichungspunkte mit der Demeter handelt, während in ihnen gerade der Gegensatz gipfelt, der ja natürlich in zwei so verschiedenen Wesen notwendig ebenfalls vorhanden sein muss. Ja, haben wir eine Zeit lang den Triton betrachtet, so wird uns diesem aufgeregten Meere gegenüber der Kopf der Demeter wie ein Bild ruhiger, sanfter Harmonie erscheinen, und wir werden einige Augenblicke nötig haben, um uns den Eindruck wehmutsvoller Sehnsucht wieder zurückzurufen, der sich uns bei der ersten Betrachtung als Grundton der ganzen Stimmung aufdrängte.

Fragen wir uns jetzt, welche Formen an ihrem Kopfe als besonders charakteristisch hervortreten, so wird sich unsere Aufmerksamkeit wie bei dem Triton auf die Gegend der äusseren Augenwinkel lenken. Denn auch hier ist das Auge eingefallen und senkt sich nach unten wie physisch matt in die Augenhöhle. Aber eben gegen diese Mattigkeit kämpft die innere Sehnsucht, die noch nicht völlig entsagen will. Denn trotzdem ist der Blick noch nicht völlig gesenkt, sondern richtet sich nach oben, nur weniger scharf und weniger in eine unbestimmte Ferne, so dass sich der convergierende Blick beider Augen in einem näheren Punkte schneidet. Natürlich mildert sich dabei auch die übermässige Spannung des Stirnmuskels; doch ist die Stirnhaut zu beiden Seiten der Nasenwurzel in starkem Bogen emporgezogen und es bleibt in der Mitte eine weiche Anschwellung, wie sie wohl nach andauerndem Weinen sich längere Zeit erhält. Gleicher Mässigung oder Abdämpfung, aber ebenfalls unter Festhaltung des Grundtones begegnen wir am Munde: die Lippen sind leise geöffnet; nach vorn zusammengezogen und gehoben, senken sie sich nach den Mundwinkeln zu sanft und wehmütig herab. Auch in der Haltung des Kopfes finden wir wieder die leichte Hebung des Kinnes und das Zurücklehnen auf den leise gebogenen Nacken.

Als eine letzte, aber keineswegs die unwichtigste Bestätigung für die Gemeinsamkeit des Grundtons beider Köpfe sind endlich noch die Gesamtproportionen der Anlage ins Auge zu fassen. Nehmen wir ein Dreieck, dessen Basis die Weite der Augen, dessen nach unten gewendete Spitze die untere Begrenzung des Kinnes bildet, so ergiebt sich, dass in beiden Köpfen die Basis im Verhältnis zur Spitze ungewöhnlich schmal ist, was sich um so fühlbarer macht, als die äusseren

Augenwinkel stark zurückweichen, während der mittlere Teil der Stirn dagegen stark hervortritt. Die vordere Fläche des Gesichts erscheint daher in ihrer Gesamtanlage schmal, und ausserdem streben alle Formen in dieser Fläche nach vorwärts; sie scheinen durchaus der Richtung des Blickes zu folgen und eben dadurch den Eindruck der Sehnsucht zu verstärken.

Hiermit sind aber auch die Ähnlichkeiten zwischen den beiden Köpfen erschöpft, und in dem, was sich auf dieser Grundlage, man möchte sagen, auf diesem festen Rahmen entwickelt, treten vielmehr bestimmte Gegensätze hervor. In dem jugendlichen Triton hat die heftige, ungestillte Leidenschaft eine starke Abmagerung erzeugt, namentlich unter den Augen und in den Wangen. Bei der Demeter äussern die reiferen Jahre ihren Einfluss durch eine grössere Fülle der Formen, in denen sich der mütterliche Charakter zunächst rein körperlich ausprägt. Aber nicht minder wirken diese reiferen Jahre auch bestimmend für den geistigen Ausdruck, indem sie Trauer und Sehnsucht zwar nicht vertilgen, aber doch mildern, und was in der Jugend eine momentane, heftige Erregung ist, als einen zwar weit gemässigteren, aber dauernden Zustand erkennen lassen. Hierauf beruht es zumeist, dass nicht nur jede einzelne Form weniger prononciert, sozusagen jeder einzelne Ton in der Melodie weniger stark angeschlagen, sondern dass die gesamte Stimmung eine mildere, beruhigtere geworden ist. Der Blick richtet sich nicht mehr, wie bemerkt, in eine weite unbestimmte Ferne. Ist es ja doch nichts Unbestimmtes, Unbekanntes, was der Blick der Göttin sucht, sondern etwas, das sie besessen, was sie mit vollem Herzen geliebt, was ihr aber entschwunden, und was ihr Auge im Bilde der Erinnerung wieder und immer und allein schauen möchte. So tritt an die Stelle unbefriedigter Leidenschaft ruhige, in sich geschlossene Stille, die tiefe Wehmut der Entsagung. In dem Munde aber herrscht nicht mehr die wilde Begierde des Triton, der, man möchte sagen, wie ein Raubtier nach seiner Beute schnappt, sondern die Weichheit und Fülle der die Mundwinkel umgebenden Teile erzeugt einen Zug, zwar nicht von Lächeln, aber von wohlwollender Freundlichkeit, in welchem nicht Leidenschaft, sondern die warme Liebe zum Gegenstande der Sehnsucht vollendeten Ausdruck gewinnt.

Ist sonach in diesen Formen das Wesen der Göttin in seinen innersten Tiefen erfasst und ausgesprochen, so kann alles übrige nur die Bedeutung haben, die hier angeschlagenen Motive weiter zu entwickeln und harmonisch ausklingen zu lassen. Gerade darin aber, in dem Festhalten der einheitlichen Grundidee, in dem Fernhalten jedes nicht durch die Idee gebotenen und daher ungehörigen Reizes und Schmuckes pflegt sich die Meisterschaft griechischer Idealbildner noch besonders zu bewähren. Der Mutter, welche nur für ihre Tochter lebt, liegt jeder Gedanke an sich selbst wie an andere fern; sie darf und muss jede Berechnung, jeden Schmuck, um auf andere einen Eindruck zu machen, um andern zu gefallen, durchaus verschmähen. So ist das Haar einfach gescheitelt, aus der Stirn gestrichen, erst weiter oben durch ein flaches Band zusammengehalten, und fällt dann in losen, natürlichen Locken hinter den Ohren herab. Der grössere Teil aber wird dem Auge durch den Schleier entzogen, der nicht in kunstreichen Falten geordnet, sondern wie ein schlichtes Tuch übergeworfen ist: nur auf der Höhe des Scheitels macht sich ein einfaches Einknicken des Stoffes als ein künstlerischer Accent in der fast ungebrochenen Bogenlinie der oberen Begrenzung des Kopfes bestimmt geltend. So einfach und kunstlos dieses Arrangement erscheint, so fein ist es doch vom Künstler berechnet und abgewogen. Jenem schmalen Gesichtsdreieck gegenüber, in dem sich die geistige Bedeutung des Kopfes zusammendrängt, müsste die weiche und volle Entwicklung der Formen nach den Seiten zu, müsste auch der volle Hals, an welchen im Gegensatz zu mädchenhafter Zartheit der mütterliche Charakter mit besonderem Verständnis der Natur betont ist, ein fast zu grosses, materielles Übergewicht gewinnen. Hier nun dienen Haar und Schleier nicht nur zur Ausgleichung der Massen, sondern namentlich der Schleier zu einer bestimmten Begrenzung, und zwar nicht etwa bloss im Sinne einer äusseren Umrahmung: auch geistig erscheint das Bild der Göttin durch ihn auf sich selbst zurückgezogen und in sich abgeschlossen.

Ist es etwa Zufall, dass auch der christliche Künstler die Madonna mit dem Schleier zu bilden liebt? Den Kern der ethischen Religion des Hellenentums, sagte ich, bildete der Cultus der Demeter und Persephone in den Mysterien von Eleusis. Auch im Mittelpunkte der christlichen Religion steht das Bild einer Mutter, die nur für ihr Kind, in ihrem Kinde lebt, die ebenso trauert um den Verlust ihres Sohnes und ihre Seligkeit findet in dem geistigen Anschauen desselben. Ein christlicher Künstler möge es wagen, einer Madonna den Kopf unserer Demeter zu geben und er wird sicher keinen Tadel erfahren. Wer weiss, ob nicht ein moderner Kritiker ohne Kenntnis des antiken Vorbildes urteilen würde, hier sei endlich das Problem gelöst, classische Formenschönheit mit Innigkeit und Tiefe christlicher Empfindung zu verschmelzen? Ein solches Urteil würde unwiderleglich zweierlei lehren: einerseits, dass der antiken Kunst die Darstellung der Tiefe des Seelenlebens keineswegs fremd war, andrerseits aber, dass das Ewige in der Kunst nicht das Dogmatische ist, sondern das allgemein, im höchsten Sinnne Menschliche. Madonna oder Demeter:

> Das ewig Weibliche
> Zieht uns hinan!

TAF. V.

MEDUSA LUDOVISI

Medusa.

Vortrag, gehalten auf der Philologen-Versammlung in Dessau 1884.

(Tafel V.)

Griechentum und Cultus des Schönen pflegen sich in unsrer Vorstellung wie zu einem einzigen untrennbaren Begriffe zu verbinden; und gewiss erwarten Sie von mir, wenn ich an dieser Stelle zu sprechen unternehme, dass ich Sie zu jenen Höhen idealer Schönheit hingeleite, die sich nirgends so rein und so glänzend vor unsren Augen entfalten, wie in der Kunst der Hellenen. Erscheint es da nicht wie ein innerer Widerspruch, wenn ich als Thema meines Vortrags die künstlerische Gestaltung desjenigen Wesens gewählt habe, in dem die Griechen von Alters her Schrecken und Entsetzen zu verkörpern bestrebt waren: das Bild der Gorgo Medusa? Aber auch dieses Wesen ist ja eine Schöpfung der griechischen Phantasie; und wenn der Satz wahr sein soll, dass der Cultus des Schönen das Leben der Hellenen nach allen Richtungen durchdrungen, so ist es fast eine Forderung logischer Notwendigkeit, dass dieser Cultus seinen höchsten Triumph feiern musste in der Verklärung des Entsetzlichen und Hässlichen durch die ewigen Gesetze der Schönheit. Den Nachweis zu liefern, dass dies wirklich der Fall gewesen: das ist das Ziel meines Vortrages. Aber damit Sie die Höhe der Vollendung richtig bemessen lernen, kann ich Ihnen einen Blick auf die Anfänge nicht ersparen, auf den Weg, der vom Hässlichen zu vollendeter Schönheit zurückzulegen war.

Die Medusa steht als künstlerische Schöpfung in der griechischen Kunst ziemlich vereinzelt da, ja sie bildet wenigstens scheinbar eine Anomalie. Und dennoch wage ich es auszusprechen, dass wir in ihr die älteste Idealbildung der griechischen Kunst anzuerkennen haben: sie ist wie kaum eine andere eine reine Schöpfung der Phantasie ohne

Zugrundelegung eines 'Wirklichen', und ebenso, weit mehr als andere, schon in formaler Beziehung ein Werk künstlerischer Abstraction. Denn offenbar entstand die Medusa nicht als ganze Figur, ja nicht einmal als Kopf in drei Dimensionen, sondern als flaches Gesicht, als Maske: selbst als man sie schon in früher Zeit, wie z. B. in der bekannten selinuntischen Metope, mit dem Körper verband, ging doch dieser Charakter als Maske nicht verloren. Und doch beruht das ganze Gebilde auf derselben physikalischen Weltanschauung, auf derselben Anschauung elementarer Kräfte und Vorgänge in der Natur, welcher die meisten griechischen Göttergestalten ihre Entstehung verdanken, wenn auch später dieser Ursprung bei ihnen durch eine ethische Umbildung mehr oder weniger verdunkelt wurde. Man hat in ihr das Bild des Mondes sehen wollen, nicht in seiner gewöhnlichen Erscheinung, sondern als des kosmischen Bildes der Nacht und des Unterganges der Dinge überhaupt (Preller griech. Myth.² S. 64). Aber weit leichter und bestimmter vereinigen sich alle verschiedenen

Medusa, von einer selinuntischen Metope

Züge zu einem einheitlichen Bilde der Erscheinungen des Gewitters. Sie wohnt jenseits des Okeanos, an den Grenzen der Nacht, und es symbolisiert sich in ihr das dichte, gewitterschwangere Gewölk, urweltliches Dunkel und Finsternis, aus welcher das aufblitzende Licht geboren wird. Chrysaor, der den Blitz des Zeus hält, ist ihr Sohn, der im Momente ihrer Enthauptung lebendig aus ihrem Halse hervorspringt. So knüpft sich an sie schon früh der Begriff des Dunkels und Grauens, eines Grauens, dessen Anblick geradezu versteinert. Und umgekehrt wird das Bild für den, welcher es trägt, ein Unheil abwehrendes: schon bei Homer finden wir auf der Ägis des Zeus, auf dem Schilde des Agamemnon die 'schrecklichblickende Gorgo', um-

geben von Eris, Alke, Ioke, von Deimos und Phobos, Furcht und
Entsetzen. Dass in der That das Haupt der Medusa zu den ältesten
Schöpfungen griechischer Bildnerei gehört, lehren, abgesehen von der
Erwähnung eines 'kyklopischen' Medusenhauptes in Argos, verschiedene
Darstellungen im altertümlichsten Kunststil. Und nicht das allein:
mögen dieselben dem Boden Siciliens oder Makedoniens, Athens oder
Spartas entstammen, mögen sie im Einzelnen von einander abweichen,
so bleibt es merkwürdig, wie sie uns die hässlichen Gesichtszüge in
ihren Grundlagen durchaus übereinstimmend, bereits typisch durch-
gebildet vor Augen stellen, für uns freilich so, dass sie eher ein Lächeln
als Entsetzen erwecken. Hier ist jedoch die Unvollkommenheit der
Kunst in ihrer Kindheit in Betracht zu ziehen, welche zur Darstellung
verschiedenen physiognomischen Ausdruckes nur erst über geringe
Mittel verfügt. Fast sprichwörtlich ist ‚äginetisches Lächeln' geworden
für einen gewissen freundlichen Ausdruck archaischer Werke überhaupt. Es ist das Bestreben der Künstler, auf den Beschauer eine
angenehme oder anmutige Wirkung hervorzubringen, und dafür besassen
sie auf der Stufe der Entwicklung, auf welcher sich die Kunst noch
befand, kein anderes Mittel als das Lächeln. Wo aber die Aufgabe
eine umgekehrte war, wo die Absicht waltete, nicht Wohlwollen und
Anmut, sondern Schrecken und Entsetzen vor Augen zu führen, da
boten sich jenen ältesten Künstlern als Mittel nur Hässlichkeit und
Verzerrung. So bei der Medusa: der Künstler will auf uns erschreckend
wirken; aber das Mittel, zu dem er greift, ist eben Hässlichkeit, Verzerrung. Und doch, wenn wir diese Züge mit den Fratzen andrer
Völker auf niederen Culturstufen vergleichen, werden wir selbst in
ihnen die Spuren griechischen Geistes nicht verkennen dürfen. Es ist
ein künstlerischer Gedanke, ein System, dem sich alle Formen und
Linien fügen und unterordnen, ein Gesicht, von oben nach unten gedrückt und dadurch gleichmässig in die Breite gedehnt und gezogen.
So erscheint die Stirn niedrig und schwer gefurcht, die Nase eingedrückt, das Kinn verkümmert, während umgekehrt durch den breit
gezerrten Mund die Backen weit auseinander getrieben werden. Aus
dem so breitgequetschten Gesicht glotzen rund geöffnet die Augen
und grinsen die nach Analogie von reissenden Tieren mit Hauern
untermischten Zahnreihen, während als ein wohl allen Völkern gemein-
sames Zeichen höchster Verachtung aus dem Munde die Zunge heraus-
gereckt ist. Ist nun dieses Bild ein rein zufälliges, ein reines Spiel

künstlerischer Phantasie? Auf die alte Naturanschauung deutet zunächst die Breite und Fülle, die Schwere und Rundlichkeit aller einzelnen Formen, die wohl an schweres Gewittergewölk zu erinnern geeignet sind. Ich gehe nur einen Schritt weiter, wenn ich die Vermutung auszusprechen wage, dass der alte Künstler, in dessen Phantasie zuerst dieses Bild entsprang, von der Absicht ausging, die Wolke zu symbolisieren, wie sie im Gewitter durch den Blitz sich öffnet, wie sie in grellen Zuckungen uns angrinst, das Haar sich emporsträubt oder um sie herum Schlangen zu züngeln scheinen, Schlangen, die auch in der Kunst schon, wenn auch nicht ursprünglich, doch frühzeitig und nicht als ein äusserliches, sondern als ein charakteristisches Beiwerk dem Medusenhaupte angefügt wurden. Es drängt sich mir dabei die Erinnerung an ein scherzhaftes Schauspiel auf, das einst ein Mimiker in einer heitern Gesellschaft zum besten gab: durch leises Blinzeln der Augen und Zucken des Mundes erinnerte er in lebendiger Weise an fernes Wetterleuchten; nach und nach steigerte sich die Bewegung der Muskeln: das Gewitter rückte näher: da plötzlich, als fahre ein gewaltiger Blitz nieder, zerren sich die Mundwinkel auseinander, mit Zähnefletschen, herausgestreckter Zunge, grinsenden Augen starrt uns das breite Gesicht an: nichts mehr und nichts weniger als in allen Zügen das volle, alte Medusengesicht. Wie vom Erhabenen zum Komischen, so ist auch umgekehrt vom Komischen zum Erhabenen zuweilen nur ein Schritt. Sie selbst haben es gewiss öfter als einmal erlebt: wenn in dunkler Nacht eine schwere Gewitterwolke sich entladet, so blitzt es hell auf, der Himmel scheint sich zu öffnen und mit grellem Blitze, wie mit Hohn und Verachtung, mit Zähnefletschen und herausgestreckter Zunge uns anzugrinsen; nach allen Seiten, rundum strömt Feuerglanz aus, in dem die Blitze gleich Schlangen züngeln: wir selbst aber stehen wie versteinert. Wie aber die Phantasie des Kindes oder ganzer Völker auf der Kindheitsstufe in der Mondscheibe ein Gesicht zu erkennen vermeint, so übersetzt sich die gleiche Phantasie dieses Aufflammen der ganzen Natur in ein Gesicht, und zwar ein Gesicht, dem die Körperlichkeit fehlt, gerade wie der Naturerscheinung, die eben als Schein wirkt. Wenn nun die Kunst in ihrer Kindheit bei dem Versuche, diesen Eindruck des Entsetzens durch sinnliche Mittel wiederzugeben, zu hässlichen und verzerrten Formen griff, die für uns ans Komische grenzen, so sollen wir wenigstens nicht vergessen, dass sie selbst dabei von der Analogie der wirklichen Erscheinung ausging, dass also auch dieser Bildung eine innere Wahrheit zu Grunde liegt. Vielmehr hängt mit diesem Ursprunge aus unmittelbarer Naturanschauung ein andrer Umstand zusammen: die Abwesenheit jedes ethischen Momentes, ja noch weiter, die Abwesenheit jeder Activität. Wir erfahren nichts von einem Thun, einem Handeln der Medusa, sie ist nicht eine rächende, strafende Macht, sondern einfach ein Schreckbild und dadurch zu einem unheilabwendenden Symbol geworden. Gerade darin liegt das Unterscheidende von allen andern Idealen der griechischen Kunst, die immer aus einem ethischen Keime herauswachsen, mag sich dieser nun schneller oder langsamer, früher, oft aber auch spät entwickeln. Dadurch erklärt es sich aber auch, dass jenes Schreckbild der Medusa lange unverändert bleibt; ja die alte Fratze erhält sich für dekorative Zwecke auch dann noch wie eine alte Redeformel in Gebrauch, als schon lange neue Gestaltungen ihr die Alleinherrschaft streitig gemacht hatten.

Wann und wodurch dieser Umschwung eintrat, darüber gewähren uns die Nachrichten der Alten keinen Aufschluss. Denn wenn auch schon Pindar (Pyth. XII, 16) von dem ‚schönwangigen Haupte der Medusa' spricht, so bedarf doch dieses Wort selbst erst wieder der Erklärung. Es musste sich der Menschengeist auf eine Höhe der Cultur und soweit über die Natur erheben, dass er im Stande war, was einem Volke in der Kindheit als schreckhaft, grauenerregend und darum hässlich erschien, als zugleich grossartig und erhaben aufzufassen und den Begriff des Furchtbaren durch den des Erhabenen mit dem des Schönen zu versöhnen. Am liebsten möchten wir einen solchen Umbildungsprozess mit der Zeit des Skopas und Praxiteles in Verbindung bringen. Jedenfalls dürfen wir behaupten, dass derselbe nach zwei verschiedenen Richtungen erfolgte, je nachdem das physische oder das menschlich-geistige Element betont wurde, welches zuletzt den physischen Ursprung ganz vergessen liess. Die erstere Richtung ist namentlich durch einige Werke der Malerei vertreten, unter denen ich Ihnen zunächst eines, ein gewaltiges Medusenhaupt aus Stabiae, nach einer farbigen Abbildung vorführen will (Ternite Wandgemälde II, II, 9). Dass hier die pindarische Auffassung von dem schönwangigen Haupte ihren Einfluss ausgeübt, wird niemand in Abrede stellen; aber dennoch werden wir durch mehr als einen Zug an das alte Medusenhaupt erinnert, zuletzt durch das Breite, Volle, ja Gedunsene der gesamten Gesichtsformen, deren Eindruck durch die malerischen Mittel noch wesentlich verstärkt wird. Denn bleich und fahl ist die Gesichtsfarbe und selbst das Weiss im Auge hat sich zu einem bläulichen Ton verdichtet; in dem wild aufgeregten Haare aber züngeln grünliche Molche. Und gewiss richtig sagt Welcker — ich vermag diesen Namen nicht auszusprechen, ohne noch einmal ausdrücklich als Archäolog, als Schüler des Meisters an das Centenarium seiner Geburt zu erinnern; es genüge der Name: hoc nomen longi carminis instar erit — also gewiss richtig sagt Welcker: 'Sieht man nun, wie die Nase an der Wurzel und die Augen ins Tierische übergehen, die Stirn aber in das Elementarische des nächtlichen Gewölks überspielt, so scheint es klar, dass der Maler der uralten Beziehung der Gorgo auf das Physische eingedenk gewesen ist, und der geheimnisvoll schauerliche Eindruck des Bildes wird hierdurch vollendet'. Die Hauptverschiedenheit liegt offenbar in der Bildung des Mundes, und auf ihm beruht auch der wesentliche Unterschied der gesamten Auffassung und Wirkung, welcher vor allem begründet ist in der Verschiedenheit des zeitlichen Momentes der Darstellung. Die uralten Künstler glaubten den Höhepunkt der Bewegung wählen zu müssen, über den hinaus eine grössere Anspannung der Kräfte

Medusa, Gemälde aus Stabiae

nicht denkbar war; sie wählten daher das lichte, grelle Aufflammen des Blitzes, welches uns momentan blendet und versteinert, aber künstlerisch allerdings als Verzerrung wirkt. Unser Maler drängte den Mund durch die Fülle der umgebenden Formen sogar zu aussergewöhnlicher Schmalheit zusammen, und jenes Zucken verlegte er nur in einer leisen Andeutung an einen ganz andern Teil des Organismus: mit zwei kühnen Pinselstrichen liess er über der Stirn ein leichtes Flügelpaar hervorspriessen, das, man möchte sagen, wie ein Blitz das wildaufgeregte Haar durchzuckt. So verharrt das Gesicht allerdings in Ruhe, aber in einer unheildrohenden Ruhe, wie sie einem gewaltigen Ausbruche ungezügelter Wildheit vorausgeht und uns vielleicht noch weit mehr, als der Ausbruch selbst, unter dem Eindrucke starren Entsetzens und Grauens festbannt.

Mit weiser Mässigung hat sich der Künstler noch innerhalb des in seiner Kunst Möglichen gehalten; aber dass er an diese Grenzen nahe anstreift, davon können Sie sich überzeugen, wenn Sie einen flüchtigen Blick auf ein zweites gemaltes Medusenhaupt aus Pompeji werfen wollen (Ternite T. 10). Der Künstler hat den Eindruck, des vorhergehenden Bildes durch Weichheit, üppige Fülle, ja Wollüstigkeit, durch den Ausdruck lebendigen Zornes in den rollenden Augen noch überbieten wollen. Aber indem er die Grenzen überschritt, wurde er weichlich und unruhig, und der Ausdruck seines Werkes wirkt nicht Grauen und Entsetzen, sondern, fast möchte ich sagen, es widert uns an.

Weit mehr als die Malerei ist die Plastik in ihren Mitteln beschränkt; sie ist nicht in gleicher Weise im Stande, vorübergehende und momentane pathetische Affekte und Stimmungen zu verkörpern; sie muss vielmehr darauf ausgehen, das innere Wesen, die Kern- und Grundformen des Darzustellenden fest und unabänderlich zu gestalten. Jenes, ich möchte sagen, physikalische Colorit, welches wir in der Malerei von Stabiae bewunderten, war nicht geeignet für die Plastik, die ihrer Natur nach mehr zu einer ethischen Auffassung hindrängt.

Medusa, pompeianisches Gemälde

Aber auch hier waren wieder verschiedene Wege gegeben; und ohne weitere theoretische Einleitung will ich die eine Richtung der Entwicklung Ihnen an einem wohlbekannten Werke, der Medusa Rondanini in der Münchener Glyptothek (No. 128) kurz darzulegen suchen. Nur zwei Schlangen umschliessen mehr dekorativ und wie zu einem Halsschmuck verschlungen die untere Hälfte des Gesichts, während allerdings ihre Köpfe wie drohend über der Stirn aus dem Haar hervorbrechen, welches selbst einen Teil der Schlangennatur angenommen zu haben scheint: in schweren Locken lastet es auf der Stirn, und dieser Eindruck wird noch verstärkt durch das gewichtige Flügelpaar, welches sich wie drohend gegen uns erhebt und den ganzen Anblick verdüstert. An die ältere Bildung werden wir durch die Breite und Fülle der ganzen Anlage erinnert, durch die breite und düster gedrückte Stirn, die vollen Wangen und den hier wieder verbreiterten Mund, der uns freilich nicht angrinst, aber doch durch die Andeutung der Zähne sich wie zu kaltem Hohne leise gegen uns geöffnet zeigt. Das weit geöffnete Auge aber starrt uns an ohne eine Regung von Gefühl und aus dem Ganzen spricht nicht sowohl mehr Grauen und Entsetzen als starre Kälte. Wir glauben aber diese Kälte umsomehr zu empfinden, als sie uns entgegentritt in einem Gebilde von tadelloser

Medusa Rondanini

Schönheit der Form. Doch prüfen wir uns selbst, und wir werden vielleicht finden, dass wir bis zu einem gewissen Punkte uns hier selbst täuschen. Indem der Künstler offenbar für einen bestimmten architektonischen Zweck arbeitete, betonte er mit Recht den Charakter der Maske, welche in einer gewissen Abstraction von der lebendig pulsierenden Wirklichkeit uns mehr das starre architektonische Grundschema eines lebendigen Charakters vor Augen führt, als diesen Charakter selbst. Indem nun in dieser Medusa jeder Zug dem architektonischen Gedanken und Gesetz in bestimmter Weise untergeordnet ist, glauben wir als geistige Erstarrung zu empfinden, was vielleicht nur architektonische Versteinerung der Form ist.

Was ich hiermit meine, wird von Ihnen erst deutlicher erkannt werden, wenn Sie jetzt Ihre Blicke auf ein Werk lenken wollen, welches uns die letzte und höchste Vollendung des Medusenideals zeigt: auf das Hochrelief der Villa Ludovisi in Rom (Mon. d. Inst. IX, 35; Taf.). Hier ist alles äussere Beiwerk, Schlangen wie Flügel, gänzlich beseitigt: wir haben nur rein menschliche Formen, menschliches Haar vor Augen; keine Form ist künstlerischer Typik zu Liebe übermässig betont oder einem bloss architektonischen Gesetze unterworfen. Selbst die abstrakte en-face-Bildung ist wieder aufgegeben; das Auge aber, das uns sonst schreckhaft anstarrte, blickt nicht nur nicht auf uns, sondern ist sogar gänzlich geschlossen. Und doch werden Sie keinen Augenblick zweifeln, dass Sie hier eine Medusa vor Augen haben, das Bild einer eisig kalten, versteinerten und, wir dürfen wohl sagen, uns versteinernden Schönheit.

Worauf beruht diese Wirkung? Sie kann nur darauf beruhen, dass der Künstler ein in sich vollendetes Ideal geschaffen hat, dass jede Form nur zum Ausdruck der einen zu Grunde liegenden Idee dient, dass aus dieser Idee sich das Ganze wie ein organisches Gebilde entwickelt. Zu klarerem Verständnis müssen wir hier einen kleinen Umweg machen.

Das Wachstum eines jeden organischen Geschöpfes ist physiologischen Gesetzen unterworfen; jeder einzelne Teil hat in dem Ganzen seine bestimmte Funktion, durch welche seine besondere Form bedingt ist. Es muss also von jeder Art von Geschöpfen ein Ideal, sozusagen ein Urideal geben, in welchem das physiologische Gesetz der schaffenden Naturkraft ungehemmt von Zufälligkeiten zu vollendeter Wirkung gelangt. Denken wir zunächst an das Pflanzenreich, so wird es uns vielleicht gelingen, uns einen Begriff von einem solchen Urideal, von einer Normalpflanze zu machen. Aber schon bei den Tieren wird Ihnen ein solches abstractes Ideal einer Tiergattung kaum mehr genügen, wie Sie sich an ägyptischen Tierbildungen überzeugen können, obwohl in ihnen der Gattungsbegriff, der architektonische Gattungsbegriff in hoher Vollendung verkörpert erscheint. Allein im Tier lebt bereits ein gewisser Grad von Freiheit, Bewegung, Selbstbestimmung, der uns Tierindividuen unterscheiden lässt. In weit höherem Grade ist dies natürlich der Fall bei dem Menschen und den unter menschlicher Gestalt gebildeten Wesen höherer Art, Dämonen und Göttern. Wir vermögen uns nicht zu erheben zur Höhe eines einzigen abstracten Urideals, sondern in jedem der verschiedenen Götterideale spricht sich immer eine bestimmte Richtung von Geist, von Seele oder Gemüt aus. Jedes Ideal ist Träger einer bestimmten geistigen Qualität. Die Bildungen, welche wir Ideale nennen, sind also eigentlich schon Modificationen, Abweichungen von dem physiologischen Urideal; und dennoch bleiben sie Ideale, indem sich, wie in der Musik von einem Grundton, der c-dur oder c-moll, von einem zweiten der d-dur-Accord, so in der bildenden Kunst von einem geistigen Begriff, einer Idee aus sich in organischer Bildung ein harmonisches Ganze entwickelt. So ging der griechische Künstler bei der Bildung des Zeus aus von der Idee des Königs und Vaters, bei der Hera von der Idee der Königin und Gattin, bei der Demeter von der der Mutter, und diesen Ideen verlieh er körperliche Gestaltung.

Welches ist aber die Grundidee, von welcher der Künstler der ludovisischen Medusa ausging? welches ist die geistige Potenz, die in diesen Formen sich wirksam erweist und ihnen das Siegel eines bestimmten Charakters aufprägt? Betrachten wir daraufhin die gesamte Haltung und Anordnung, wie die einzelnen Formen. Das Werk ist ein Hochrelief von höchst eigentümlicher Art, wie es kaum in der alten Kunst wieder vorkommt. Von dem Ansatze des Halses an der Brust, der ganz flach gehalten ist, tritt nach oben zu der Kopf immer stärker, fast bis zu einem vollständigen Rundbilde hervor. Die Andeutung der linken Schulter zeigt, dass wir ihn uns auf diese geneigt denken sollen und sehr wohl denken können. Aber wir vergessen diese Absicht vollständig, indem diese fast horizontale Lage uns entgegentritt auf einer verticalen Fläche. Ich weiss nun nicht, ist es diese künstlerische Abstraction oder sonst noch etwas: genug, die ganze Haltung hat etwas, ich möchte sagen, vom Raume völlig Losgelöstes, etwas rein Abstractes. Regungslos, aber auch als wäre es nie einer Regung fähig gewesen, steht das Bild vor uns, in tiefster Ruhe, auch nicht in der Bewegung einer Linie, einer Neigung nach vorn oder hinten abweichend von dem normalen Schema absoluter und abstracter Ruhe, scheinbar stolz, aber im Grunde doch nur kalt. Hier also vermögen wir nirgends die Einwirkung einer bestimmten Richtung von Geist und Leben zu erkennen. Wenden wir uns also zu den Zügen des Gesichtes selbst. Freilich ist das Auge, gewissermassen die Pforte des Seelenausdruckes, geschlossen. Aber auch im Schlafe müsste der Geist noch sichtbar sein, der im Wachen auf die Formen bildend einwirkte, — sofern er überhaupt gewirkt hätte. Hier jedoch haben wir nur ein physisch normales Auge, normal geschlossen. Wäre es aber auch geöffnet, glauben Sie, dass Sie selbst dann einer Regung von Geist, von Gefühl in demselben begegnen würden? etwas anderem als kalter, absoluter Ruhe? In untadeligen Linien und Formen ist es umschlossen durch das reine Profil der Nase und die zu kräftigem Schutze darüber gewölbte Stirn: wo zeigt sich aber auch hier nur eine Spur einer geistigen Entwicklung, deren Einwirkung sich irgendwie auf die Ausbildung der Form geltend gemacht hätte? Ebenso tadellos gebildet sind die breiten vollen Wangen bis zu dem in gleichen Formen auslaufenden Kinn. Auch hier nirgends ein Grübchen, das auf ein Lächeln, nirgends eine Spannung, die auf Erregung irgendwelcher Leidenschaft hindeutete. Dieser Mund, in seinen vollen, physisch üppig entwickelten Lippen, ladet er etwa ein zum Küssen? Endlich das Haar, dieser keineswegs bedeutungslose Schmuck des menschlichen Hauptes, der vielmehr von den griechischen Künstlern in der feinsinnigsten Weise verwendet wurde, um durch den mannigfachen Wechsel in seiner Anordnung den in den festen Formen angeschlagenen Grundton hier zu verstärken, dort zu mildern, immer aber harmonisch ausklingen zu lassen. Gedenken Sie nur der ambrosischen Locken des Zeus, des 'Krobylos' eines belvederischen Apollo, des gleich Wasser herabrieselnden Haares der Meer- und Flussgötter! Wie verhält sich solchen Erscheinungen gegenüber das Haar der Medusa? In reichster Fülle, nicht zu weich, nicht zu hart, sondern in den schönsten Wellenlinien umfliesst es das Haupt, gewiss als Haar im vollsten Maasse tadellos und ohne Makel — aber von pflegender, mit Bewusstsein ordnender Menschenhand auch hier keine Spur!

Blicken wir jetzt zurück, so stehen wir vor einem Phänomen ganz eigener Art. Es wird jetzt kaum mehr zweifelhaft erscheinen, dass die Grundidee, aus welcher heraus der Künstler sein Werk schuf, die war: ein Menschengebilde darzustellen, welches vom physiologischen Standpunkte betrachtet, sich zu vollkommenster Schönheit entwickelt, in dem sich der Stoffwechsel in normalster Weise wie in einem schönen Pflanzengebilde vollzogen hat, aber völlig unberührt von jeder auf die physiologische Entwicklung etwa einwirkenden Thätigkeit des Geistes oder der Seele: nicht etwa, dass hier wie bei einem Blödsinnigen die Organe für eine geistige Thätigkeit fehlten oder verkümmert wären, sondern so, dass sie in absoluter Neutralität und Unthätigkeit gewissermassen erstarrt erscheinen, ohne das Gewebe der schönen Formen zu durchdringen und lebendig zu durchwärmen. Man möchte glauben, dass das dargestellte Wesen von seiner Geburt an in tiefen Schlaf versunken und, wie eine Pflanze unbewusst, körperlich bis zu vollendeter Reife gewachsen sei, während die geistigen Keime, die des Hauches lebendigen Lebens bedurften, in diesem Zustande dauernden Schlummers verharrten, ohne geweckt und dadurch zu einer der physischen entsprechenden Entwicklung befähigt zu werden.

Indem aber der Künstler sich seine Aufgabe in dieser Weise stellte, welche Absicht leitete ihn dabei? und welcher Zusammenhang besteht hier noch mit den früher betrachteten Gebilden der Medusa? Wohl lässt sich zunächst auf gewisse Analogien in der Form hinweisen, namentlich auf das Breite und Volle in der ganzen Anlage; und mit Bewunderung werden wir zugestehen müssen, dass in den prachtvollen Schlangenlinien, durch welche das Haar reich gegliedert ist, die alte Schlangenumkränzung uns eindringlicher und erschreckender entgegentritt, als es kaum je durch wirkliche Schlangen geschehen konnte. Dennoch aber müssen wir nochmals fragen: welcher Zusammenhang findet sich hier nicht sowohl in der Form, als mit der geistigen Idee der Medusa als eines versteinernden Schreckbildes? Ihr Gefühl giebt Ihnen vielleicht schneller eine Antwort, als ich es mit Worten zu thun vermag. Ein jeder von Ihnen ist wohl schon irgend einmal im Leben einer Schönheit begegnet von untadelhaften Zügen, von vollendetster Formenschönheit. Ihr Auge bewunderte: aber erwärmte sich auch Ihr Herz? Fühlte es sich angezogen in inniger Verehrung, in heisser Liebe? Selten wird dies der Fall gewesen sein. Denn je näher ein solches Gebilde der absoluten, abstracten Schönheit der Form, um so grösser ist in der Regel die Gefahr, dass sie uns entgegentritt in geistiger Leere, in geistiger Kälte. Blicken Sie jetzt auf die Medusa: auch hier werden Sie die Fülle der Entwicklung bewundern, die untadelige Schönheit der Form; bewundern werden Sie nicht nur, sondern auch warm verehren den Künstler, dessen Geist ein solches Gebilde zu schaffen vermochte; verwechseln Sie jedoch nicht dieses Gefühl der Wärme, welches Sie für den Geist des Künstlers empfinden, mit der Temperatur, welche aus dem Antlitze des dargestellten Wesens selbst spricht. Denn diese Temperatur ist keine Temperatur der Wärme, sondern eisiger Kälte und Erstarrung. Wo uns kein frischer lebendiger Hauch von Seele und Geist entgegenweht, da stockt uns sozusagen das Blut in den Adern: wir bewundern, aber wir stehen wie versteinert; und so bewährt auch hier im Bilde vollendeter Schönheit die Medusa ihr ursprüngliches Wesen, ihre dämonische, fascinierende Macht.

Und doch hat es der Künstler verstanden, dieses Bild starren Entsetzens, welches die absolute Leere von Geist in uns hervorruft, zu mildern und es uns in einer versöhnenden Verklärung vorzuführen. Vergegenwärtigen Sie sich einmal den Eindruck, den Sie empfangen würden, wenn dieses Bild plötzlich die Augen öffnete. Ich fürchte, Ihre Bewunderung würde sich bald mischen mit einem Gefühle des Unmuts. Wie Sie im Leben durch eine geistig nichtssagende Schönheit auf die Länge leicht abgestossen werden, so würden Sie auch bei dem Kunstwerke sich bald versucht fühlen, Ihr Auge unbefriedigt wegzuwenden. Deshalb schloss der Künstler die Pforte des Geistes, das Auge; er täuschte uns gewissermassen, indem er die geistige Erstarrung verhüllte in der physischen Erstarrung, der Bewusstlosigkeit des Schlafes. Wir schauen dieser vollendeten Schönheit nicht in das offene Auge, wir treten zu ihr nicht in eine geistige Wechselbeziehung, die uns, möge sie nun abstossen oder anziehen, der Gefahr aussetzen würde, unser Inneres zu verwunden: um so ungestörter, um so rückhaltsloser dürfen wir uns hingeben der vollen Bewunderung dieses so wunderbaren, wahrhaft dämonischen Gebildes.

An das Ende dieser Betrachtungen gelangt, stehen wir zugleich am Ende der Entwicklung griechischer Kunst. Mit Recht ist darauf hingewiesen worden, dass die Medusa Ludovisi in ihrer formalen Behandlung vielfache Berührungspunkte mit der pergamenischen Gigantomachie darbietet, der letzten gewaltigen Production künstlerischer Schöpfungskraft vor der Zeit der durch römischen Einfluss, wenn nicht hervorgerufenen, doch wesentlich geförderten Renaissance. Der Formgebung entspricht aber auch der geistige Gehalt. Blicken wir noch einmal zurück auf das alte Schreckbild der Medusa, so war es hervorgegangen aus unmittelbarer Anschauung einer schrecken- und grauenerregenden Naturerscheinung. Auch ihm fehlt der geistige Inhalt: es ist ein Bild ohne Seele, ja ohne volle körperliche Existenz, nur ein gespensterhaftes Scheinbild. Allerdings tritt es uns entgegen im Zustande lebendigster Erregung; alle Formen zeigen sich in höchster Anspannung, über welche hinaus eine Steigerung nicht wohl möglich ist; und dennoch, oder gerade deshalb zeigt es sich freilich nicht im Zustande der Ruhe, aber doch in einem Momente des Stillstandes, eines momentanen Erstarrens. Zwischen diesem Extrem der zur Erstarrung gesteigerten Spannung und der Abspannung des ludovisischen Reliefbildes in der bewusstlosen Ruhe des Schlafes liegt die gesamte Entwicklung der griechischen Kunst eingeschlossen. Auch die ältesten Götter waren wenigstens vorwiegend Naturgötter, Repräsentanten elementarer Kräfte und Vorgänge in der Natur. Doch bald erfüllten sie sich mit einem ethischen Inhalt und erhoben sich zu vollen mythologischen Persönlichkeiten zuerst in Religion und Poesie. Die bildende Kunst folgte nur langsam, da sie sich zunächst in den Besitz der formalen Mittel der Darstellung setzen musste. Als sie aber dieses Ziel erreicht und weiter die Formen mit Geist zu durchdringen und die höchsten Ideen der Gottheit in menschlicher Gestalt zu verkörpern gelernt hatte, da fing in Religion und Glauben das Individuelle und Persönliche bereits wieder an zu schwinden: die Götter wurden mehr und mehr Repräsentanten von Begriffen, und in dem Maasse als dieser Process fortschritt, begannen sich die älteren physischen Bestandteile von der Verbindung, die sie mit den ethischen eingegangen waren, wieder loszulösen. Noch einen Schritt weiter, und im Geschlechte der Satyrn, der Meergötter, die sich auf diesem Wege von der Gottheit eines Dionysos, eines Poseidon abscheiden, haben wir kaum noch mythologische Persönlichkeiten: die Menschengestalt ist eigentlich nur Trägerin der im Menschen neu entwickelten veränderten Naturanschauung. Der alte Okeanos z. B. oder Glaukos in der Rotunde des Vaticans ist in der Grundlage, der Form nach ein menschliches, dem Inhalte nach aber ein Naturwesen, das Bild des Elementes mit allem, was darin lebt, in poetisch-künstlerischer Abstraction, ein Landschaftsbild in menschlicher Gestalt. Erst auf einer solchen Stufe der Naturbetrachtung ward es möglich, nun auch endlich den Menschen sozusagen vom Menschen, den physischen vom geistigen loszulösen und ihn rein von der einen Seite, als reines Naturwesen aufzufassen, als das reine Produkt physischer Schöpfungskraft. Wir verstehen nun auch, warum diese Idee an einem weiblichen Wesen ihre Verkörperung gefunden hat und nur an einem solchen finden konnte. Mit dem Principe der Männlichkeit ist zu sehr der Begriff der Activität verbunden: wir würden an einem männlichen Wesen irgend eine Erregung, wenn auch nur sinnlicher Art, einen Trieb wenigstens animalischen Lebens erwarten. Die weibliche Natur ist passiv, empfangend, sie bietet den Boden für das Wachstum, dessen Keime in ihr verborgen schlummern; aber diese Keime bedürfen der Erweckung durch die zeugende Energie des männlichen Princips. So durfte und so vermochte der Künstler an einem Wesen weiblichen Geschlechtes das vegetative Sein des Menschen in reiner Abstraction zur Anschauung zu bringen: das Gefäss des Menschen, aber ohne seinen geistigen Inhalt. Hier aber offenbart sich noch einmal die ganze Grösse und Macht des griechischen Genius, der es verstand, auch eine solche Aufgabe mit künstlerischem Geiste zu durchdringen und das versteinernde Bild seelenloser Leere durch die ewigen Gesetze des Schönen in höchster Vollendung der Form ideal zu verklären. Wie das alte Schreckbild die erste, so ist diese jüngste Bildung der Medusa die letzte reine Idealschöpfung der griechischen Kunst: der Kreislauf ist vollendet.

Die Personification des Meeres in griechischer Plastik.

1885.

(Tafel VI.)

Wir pflegen die griechische Götterwelt als eine einzige, einheitlich in sich abgeschlossene und abgerundete Masse zu betrachten: mit Recht, wenn wir sie im ganzen etwa dem orientalischen, dem indischen Götterkreise oder dem Christentum gegenüberstellen wollen. Wenn indessen auch der strengste Dogmatismus nie so völlig erstarrt, dass er nicht zuweilen aus sich selbst heraus neue Dogmen, neue Objecte religiöser Verehrung schaffen sollte, so fehlt der griechischen Religion schon von ihrem Ursprunge an gerade der dogmatische Charakter; sie ruht auf einer freieren, einer poetischen Grundlage. Man war ausgegangen von Anschauungen der Natur und hatte diesen Anschauungen Persönlichkeit verliehen: nicht nur Sonne und Mond, auch die Erscheinungen des Gewitters, des Wachstums auf der Erde wurden verkörpert. Mit der Erkenntnis, dass hier überall das Gesetz, bestimmte Ordnungen walten, tritt ein ethisches Moment ein: jene Persönlichkeiten werden vergeistigt. Aber an ihrer Ausgestaltung hat die Poesie fast ebenso grossen Anteil wie die Religion. Und nicht die Poesie allein: Homer, der den Griechen ihren Olymp geschaffen, ist nicht nur Dichter, sondern auch Künstler; er hat die Gestalten der Götter für die Kunst präformiert, und von seinen Anschauungen ausgehend, schuf die Kunst im Zeus das Ideal des Vaters und Königs, in der Hera das Ideal der Königin und Gattin u. s. w. Je geringer in allen diesen Bildungen das dogmatische Element, um so mehr haben sie zwar nicht religiöse, aber dichterische und künstlerische Geltung bewahrt. Apollo, Athene erfreuen sich noch heute in Poesie und Kunst

TAF. VI.

MEERGOTTHEIT

göttlichen Ansehens. Dennoch lässt sich nicht leugnen, dass ihnen immer noch ein Stück mythologischer Persönlichkeit anhaftet, welches nicht bloss allgemein menschlich, sondern national griechisch war; und gerade dieses Element ist es, welches wir im Auge zu haben pflegen, wenn wir von griechischer Götterwelt im Gegensatz zu derjenigen anderer Völker sprechen. Streng genommen hatten indessen diese Gestalten auch bei den Griechen ausschliessliche Geltung nur so lange, als überhaupt der naive Götterglaube Bestand hatte, und fast ist man berechtigt zu sagen, dass in demselben Augenblicke, in dem das vollendetste Götterbild, der Zeus des Phidias, vor das bewundernde Auge der Hellenen gestellt wurde, ein Bild, durch welches sogar nach dem Urteil eines Römers der bestehenden Religion ein neues Moment hinzugefügt wurde, auch schon der Process der Auflösung der alten religiösen Vorstellungen sich einzuleiten begann. Die gegen Sokrates gerichtete Anklage, dass er neue Götter einführe, war von einem gewissen Standpunkte der Altgläubigkeit aus völlig begründet. Die Philosophie, welche durch die vorbereitenden Stadien der Sophistik hindurch in Sokrates einen Abschluss und zugleich einen neuen Anfang gewonnen hatte, strebt an die Stelle des Glaubens das Erkennen zu setzen. Sie war dadurch genötigt, jene Persönlichkeiten der Götter nach den ihnen zu Grunde liegenden Ideen und Eigenschaften gewissermassen wieder in ihre Bestandteile zu zerlegen und die Verbindung der physischen und ethischen Elemente nach der begrifflichen Seite wieder aufzulösen. So tritt jetzt neben Zeus, neben Athene als die höchsten Schützer jeglicher Kultur Eirene als die besondere Schützerin des Friedens und Pflegerin des Plutos, des Reichtums. Die eine Person des Eros spaltet sich in Eros, Pothos und Himeros, in die Begriffe der Liebe, der Liebessehnsucht und des Liebesverlangens; an die Seite der Aphrodite treten Peitho und Paregoros als helfende, die Werke der Göttin fördernde Wesen. Aphrodite selbst aber, die hehre Göttin, wird das von Liebe erfüllte, der Liebe bedürftige Weib. In gleicher Weise lösen sich von den ethischen Gestalten, die sich aus alten Naturwesen entwickelt hatten, jene elementaren Bestandteile zum Teil wieder ab, und zwar nicht etwa nur von einem Apollo oder einer Artemis ein Helios oder eine Selene, die immer eine gewisse Sonderexistenz weitergeführt hatten, sondern die ganze Natur bevölkert sich mit Wesen, die in einzelnen Gestalten der Sage vorgebildet, sich jetzt als Gattungswesen in üppiger Fülle vermehren. Statt eines einzelnen Pan, einzelner Satyrn, Silene treten ganze Schaaren auf, statt einzelner Nymphen ganze Familien von Baum-, Wald-, Quellnymphen, statt eines Triton Tritonen und andere Geschöpfe des Meeres. Namentlich in dem Thiasos des Bakchos und der nach Analogie desselben geschaffenen Umgebung des Poseidon erscheint das Leben der Natur in Feld und Wald, wie in dem feuchten Element des Meeres in menschlicher Beseelung, und die Menschengestalt wieder durchdrungen von der Natur des Elementes; die physische Grundlage dieser Wesen macht sich auch in ihren körperlichen Formen je länger desto mehr geltend.

Allerdings bietet die Wirklichkeit auch für die Darstellung von Satyrn, Silenen, Kentauren keine unmittelbaren Vorbilder; aber das Leben in Wald und Flur, der Verkehr mit der Tierwelt, überhaupt eine derbere, natürliche Sinnlichkeit äussert sich doch an dem Geschlecht der Hirten, Bauern und Jäger in so bezeichnenden Zügen, dass es zur Schöpfung jener Dämonen fast nur eines Zusammenfassens oder einer Potenzierung solcher Züge zu bedürfen scheint. Bei den Geschöpfen des Meeres fehlt die reale Grundlage eines dauernd in dem feuchten Element lebenden Geschlechtes menschlicher Wesen. Dieses muss erst geschaffen werden aus der geistigen Stimmung, die wir selbst erst in das Element des Meeres hineinlegen, geschaffen werden aus Formen, welche nach Analogie organischer Schöpfungen übertragen werden aus dem Reiche der Gewässer, seiner Pflanzen und Tiere. Hier also hatte die schöpferische Phantasie einen weiten, fast möchte man fürchten zu unbegrenzten Spielraum.

Wie die Griechen ihn benutzt, davon legt in glänzender Weise ein kolossaler Marmorkopf Zeugnis ab, der, in der Nähe von Neapel bei Bajä gefunden, seit lange eine Zierde der Rotunde im vaticanischen Museum bildet. (Vergl. die Abbildung Taf. VI.) Gewiss hat unser Auge im Leben noch niemals ein Geschöpf verwandter Art erblickt; und doch bin ich überzeugt, dass, wer ihm gegenübertritt, auch ohne noch ein Wort der Erklärung gehört zu haben, seine Gedanken von hier weg nach dem Gestade des Meeres lenken und dort in dem feuchten Element die Heimat dieses eigenartigen Wesens suchen wird. Auch darüber wird sich jeder leicht klar werden, dass wir es hier nicht zu thun haben mit einem Bilde des Meerbeherrschers Poseidon; so sehr auch dessen Wesen bedingt sein mag durch die Natur seines Elementes, so muss er doch über demselben stehen, muss die Kraft haben, den aufgeregten

Wellen sein Quos ego! entgegenzudonnern. Für das Bild dieses Dämons dagegen wird man kaum nach einem bestimmten Namen verlangen: so sehr tritt die mythologische Individualität zurück gegen das aus phantasievoller Anschauung des Elementes geschaffene Bild eben dieses Elementes selbst, ein Bild, das, unabhängig von den beschränkenden Anschauungen einer bestimmten Zeit oder eines bestimmten Volkes, seine unvergängliche Existenz hat im Reiche der Ideen.

Blicken wir auf den endlos unbegrenzten Horizont des Meeres, blicken wir in seine unergründliche Tiefe, so möchte es scheinen, dass sich im Meere der Begriff der Unermesslichkeit mit dem der Einförmigkeit verbinde. Und doch, bedenken wir wieder, dass keiner der einander gleichen, ungezählten Milliarden von Tropfen, aus denen es sich zusammensetzt, an seine Stelle gebunden ist, so giebt es nichts Vielgestaltigeres als das Meer: es ist ein wahrer Proteus, oder vielmehr der Proteus der Sage, der sich seinen Bewältigern durch fortwährende Verwandlungen zu entziehen sucht, ist eben nichts anderes, als das zum Dämon gewordene Meer selbst, das, noch ehe es in der Bewegung eine feste Gestalt gewonnen hat, schon wieder in der Auflösung und Neubildung einer anderen Gestalt begriffen ist. Nur im Schlafe, das heisst bei völliger Windstille, lässt er sich fesseln; aber auch dieser Schlaf ist kein dauernder, nur ein momentanes Ruhen, welches die Bewegungsfähigkeit nicht aufhebt. Übertragen wir diesen wechselnden Zustand der Aufregung und müden Zurücksinkens von dem physischen Vorgang auf das ethische Gebiet menschlichen Empfindens, so tritt vor unsere Augen das tiefpathetische Bild einer unbefriedigten Leidenschaft, eines ungestillten Sehnens. Und so ist es denn eine von innerer Unruhe und tiefer Wehmut erfüllte elegische Stimmung, welche die Dichtung aller Völker durchzieht, wo dem feuchten Element menschliche Persönlichkeit verliehen werden soll:

> Das Wasser rauscht', das Wasser schwoll,
> Ein Fischer sass daran,
> Sah nach der Angel ruhevoll,
> Kühl bis ans Herz hinan.
>
> Und wie er sitzt und wie er lauscht,
> Teilt sich die Flut empor,
> Aus dem bewegten Wasser rauscht,
> Ein feuchtes Weib hervor.

> Sie sang zu ihm, sie sprach zu ihm:
> Was lockst du meine Brut? ...
>
> Sie sprach zu ihm, sie sang zu ihm:
> Da war's um ihn geschehn; ...

Ein feuchtes Weib — ist es dem deutschen Dichter. Die Stimmung bleibt unverändert die gleiche, auch wenn der griechische Künstler die Geschlechter vertauscht. Darf nicht auch sein feuchter Dämon sehnsuchtsvoll seine Stimme erheben:

> Labt sich die liebe Sonne nicht,
> Der Mond sich nicht im Meer?
> Kehrt wellenatmend ihr Gesicht
> Nicht doppelt schöner her?
> Lockt dich der tiefe Himmel nicht,
> Das feuchtverklärte Blau?
> Lockt dich dein eigen Angesicht
> Nicht her in ew'gen Thau?

Gewiss, die Grundstimmung ist hier entschieden die gleiche, das empfinden wir. Aber für das Verständnis ist damit höchstens ein Ausgangspunkt gegeben. Wir müssen fragen: Worauf beruht dieses Empfinden? Durch welche Mittel hat es der Künstler in uns hervorzurufen verstanden? Diese Mittel können keine anderen sein als die, welche überhaupt dem plastischen Künstler zu Gebote stehen, nämlich plastische, tastbare Formen. Aber so, wie sie in diesem Kopfe vor uns stehen, konnte sie der Künstler weder der Natur, der Wirklichkeit, ohne weiteres entnehmen, noch sind sie das Gebilde einer subjectiven Phantasie. Auch hier empfinden wir wieder bestimmt, dass sie eine höhere Berechtigung ihres Daseins in sich tragen. Sie sind die Träger einer Idee, die ihre künstlerische Gestaltung erhält in Formen, welche die Phantasie schafft, aber schafft nach Analogie der Bildungsgesetze der Natur.

Die Idee soll ihren Ausdruck finden in den Formen des menschlichen Hauptes, das, unendlich mannigfaltig in seinen einzelnen Erscheinungen, doch in den allgemeinen Grundformen seiner Bildung festen Gesetzen unterworfen ist. Wenn sich nun recht wohl ein Haupt denken liesse, welches in der normalsten Entwicklung der Organe allen Bedingungen physischen Seins auf das vollkommenste entspräche, so wäre damit zunächst nur ein physiologisches Ideal geschaffen, welches des geistigen Ausdruckes im Grunde oder principiell noch ganz entbehren würde. Dieser vermag erst zur Geltung zu gelangen, wenn eine bestimmte geistige Thätigkeit, eine geistige Kraft auf gewisse Organe und Formen eine entscheidende Einwirkung ausübt. Indem sich diese aber zunächst als eine Abweichung von dem physiologischen Ideal geltend macht, entsteht für die Darstellung eines geistigen Ideales die Aufgabe, diese Dissonanz harmonisch aufzulösen, mit anderen Worten: alle Formen, den Gesetzen des Organismus entsprechend, mit derjenigen Form in Einklang zu setzen, in welcher der geistige Ausdruck seinen eigentlichen Sitz hat.

Wo diese Aufgabe durch die schaffende Phantasie und den Geist des bildenden Künstlers wirklich gelöst ist, da muss auch die Möglichkeit vorhanden sein, dem Beschauer diese Lösung durch analytische Betrachtung an dem Werke selbst zum Bewusstsein zu bringen. Freilich, wo es sich um feinere Unterscheidungen der Form handelt, pflegt sich einerseits unser Auge als ein schwächeres Instrument der Erkenntnis zu erweisen, als wir anzunehmen geneigt sind, andererseits bleibt nicht minder das beschreibende Wort in der Regel hinter der zu beschreibenden Form weit zurück. Indessen besitzen wir zur Förderung eindringenderen Verständnisses noch ein kaum zu überschätzendes Hilfsmittel: die vergleichende Betrachtung, welche einen bestimmten Maasstab zur Würdigung des Einzelnen durch die Vergleichung sei es verwandter, sei es entgegengesetzter Erscheinungen gewinnt.

Von dieser Erwägung ausgehend, stelle ich neben den Kopf des Meergottes einen anderen Kolossalkopf, den in den weitesten Kreisen bekannten Zeus von Otricoli (vgl. die Abbildungen in dem letzten Aufsatze: Asklepios und Zeus, S. 98). Zwar ist jetzt allgemein anerkannt, dass er nicht ein directes Abbild des Zeus von Phidias ist, sondern, von der römischen Ausführung abgesehen, auch seiner Erfindung nach nicht vor die Zeit Alexanders des Grossen gehören kann. Dennoch gebührt ihm noch immer wegen der Klarheit in der Anlage seines gesamten Formensystems ein sozusagen kanonisches Ansehen. In Zeus aber, dem Herrscher, dem König und Vater, ist die höchste Idee der Gottheit am reinsten und vollkommensten verkörpert: verkörpert in menschlichen Formen, so dass sein Ideal wie kein anderes als Norm und Maasstab zu dienen geeignet ist, an dem wir die besonderen, von den seinigen abweichenden Geisteseigentümlickeiten anderer Götterwesen zu messen vermögen.

Zeus thront in ruhiger Majestät. Das Antlitz des leise nach vorwärts geneigten Hauptes wendet er nicht starr, aber geradeaus dem Beschauer entgegen, der — ich spreche im Sinne eines Griechen — gläubig ihm naht. Alles ist Ruhe, ruhig abgewogenes Gleichmaass. Schon hierin offenbart sich ein Gegensatz zu dem Wesen des Meerdämons. Für diesen ist es charakteristisch, dass der Kopf nicht gerade auf dem Nacken sitzt, sondern etwas zur Seite gewendet und zugleich leise gehoben und zurückgeworfen ist. Das ist nicht eine äusserliche zufällige Bewegung, sondern als wäre sie angeboren oder schon in einem Alter zur Gewöhnung geworden, in welchem die körperlichen Formen nicht gefestigt und noch im Stande waren, sich bestimmten Eindrücken anzubequemen, scheint das ganze Gebilde hier von dem Eindruck dieses Bewegungsmotivs durchdrungen zu sein. Ist doch selbst der Hermenschaft aus seiner gewöhnlichen, abstrakt rechtwinkligen Anlage verschoben, um diese Wendung als ein das Ganze durchdringendes und beherrschendes Motiv zu betonen.

Die Bedeutung dieses Motivs muss sich nun vor allem da erkennen lassen, wo überhaupt der geistige Ausdruck seinen Sitz hat, oder wenigstens wo er nach aussen zur Erscheinung gelangt, nämlich in der Bildung des Auges. Spricht aber das Auge durch bestimmte Formen? Es lässt sich vom Standpunkt einer äusserlich anatomischen Betrachtung behaupten, der Augapfel sei ein kugelförmiger Körper, der, von sich gleichbleibender Gestalt, nur ein optischer Apparat sei und, an sich indifferent für den geistigen Ausdruck, zu diesem erst durch die wechselnden Formen der Lidspalte in bestimmtere Beziehung trete. Allein diese Kugel erhält durch den farbig von hellem Grunde sich abhebenden Augenstern, die Iris, eine Vorderseite, und diese wieder durch das Sehloch, die Pupille, einen Mittelpunkt, in dem sich das einfallende Licht in den verschiedensten Richtungen bricht, und zwar um so mannigfaltiger, als der Augapfel innerhalb der Grenzen seiner Bewegungsfähigkeit zu den am leichtesten und schnellsten beweglichen Teilen am menschlichen Körper gehört. Sprechen wir doch nicht bloss im bildlichen Sinne von einem Augenblick! Es ist aber gewiss nicht gleichgültig, in welche Stellung die Vorderfläche des Auges gerückt und wohin die durch den Mittelpunkt gehende Axe des Blickes gerichtet ist. Bei Zeus wendet sich der Blick dem Beschauer zu, etwas nach abwärts: nach den Worten Homers winkt er, nickt er dem Bittenden Gewährung zu. Anders am Haupte des Dämons: da folgt die Axe des Blickes der seitlichen Wendung und Hebung des Kopfes, aber nicht etwa wie bei einem nur zufälligen und momentanen Aufschlagen des Blickes, sondern der Augapfel erscheint in seine Knochenhöhle so eingebettet und durch den Sehnerv festgeheftet, dass die Hebung der Sehaxe und die steile, fast nach rückwärts geneigte Stellung der Iris als normaler und dauernder Zustand betrachtet werden muss. In diesem Abwenden von dem, was unmittelbar vor Augen liegt, in dem Erheben des Blickes nach einer unbestimmten Ferne ist der Grundton einer unruhevollen Sehnsucht bereits voll angeschlagen, der nun in der ganzen Umgebung seine harmonische Weiterentwicklung finden muss.

Gehen wir auch hier von vergleichender Betrachtung der Formen aus! Bei Zeus ist alles Energie und Concentration. Die inneren Augenwinkel setzen tief und entschieden ein und drängen in scharfer Anspannung nach innen gegen den schmalen Nasenrücken, der in sichtbarem Gegensatz dazu sich steil und hoch erhebt als unmittelbare Fortsetzung der in ihrer Mitte stark vorgebauten hohen Stirn, in welcher die Energie und Intelligenz des Gottes ihren Hauptsitz hat. Diese Kräftigkeit findet ihre Ausgleichung in der breiten Basis, den nach den Seiten stark hervortretenden Oberaugenhöhlenrändern des Stirnbeins, mit denen nach unten eine gleich starke Betonung des Backenknochens sich in Einklang setzt. In dieser Umrahmung liegt das Auge und erhält nicht nur von oben einen vollen Schatten: auch von der Seite wird es durch den Augendeckel stark belastet, welcher gegen den Bogen des oberen Lides drängt und dadurch bewirkt, dass die Blicke der beiden Augen, leicht convergierend und wie nach innen schielend, gegen die Mitte zu sich sammelnd, ruhig und fest auf einem bestimmten naheliegenden Augenpunkte sich vereinigen.

Die Züge des Meerdämons zeigen uns das gerade Gegenteil einer energischen Concentrierung. Vor allem fehlt die kräftige Entwicklung der Stirn, die, statt nach vorwärts zu dringen und steil anzusteigen, nach oben sogar zurückweicht. Nur in ihrer untern Hälfte zeigt sie nach der Mitte eine mässige Erhebung, aber nicht wie ein kräftiges Knochengebilde, sondern wie eine von Feuchtigkeit durchdrungene Anschwellung, die sogar auf die Nasenwurzel einen Druck ausübt und den Rücken derselben sich ähnlich wie beim Zeus zu erheben hindert, während nach den Seiten der Oberaugenhöhlenrand breit in flachem Bogen verläuft. Indem nun in Übereinstimmung damit auch die

Vorderfläche der Wangen sich ohne schärferes Hervortreten des Backenknochens abrundet, verliert die gesamte Umrahmung der Augen ihre klare Bestimmtheit. Sie liegen weit geöffnet, fast möchte man sagen: sie schwimmen in der Fläche. Die inneren Augenwinkel setzen nicht scharf und tief ein, sondern rücken, durch den breiten und flachen Nasenrücken getrennt, auseinander. Das untere Augenlid, nicht nach innen gespannt, öffnet oder senkt sich vielmehr matt seitwärts und lässt das Weiss des Augapfels auch unterhalb der Begrenzung der Iris sichtbar werden. Das obere steigt in hohem Bogen an, unbeengt durch den Augendeckel, und gestattet dem Blick, der Wendung des Augapfels folgend, ohne ein festes Ziel in unbestimmte Ferne zu schweifen, wobei das Schwimmende des Ausdrucks durch die Andeutung der Thränendrüse noch eine weitere Verstärkung erfährt. Indem nun ausserdem die Schwäche des Stirnknochens die Entwicklung der starken Schatten verhindert, welche dem Blick des Zeus seine Tiefe und Energie verleihen, liegt das Auge der Einwirkung des vollen Lichtes fast gänzlich offen und würde bei einem lebenden Wesen wegen der auf der Iris spielenden glänzenden Reflexe einen überwiegend hellen Eindruck machen, den die Plastik durch das Rundliche der Behandlung, durch das Vermeiden scharfer Gegensätze in der Verbindung der Flächen auch ohne Mitwirkung der Farbe hervorzurufen verstanden hat.

Alles das wirkt zusammen zum Ausdruck einer entschiedenen, nicht zu verkennenden Stimmung. Nicht etwa durch eine heisse innere Leidenschaft ist das Auge zusammengezogen und entsendet Blicke gleich Blitzen, sondern frei daliegend, weit geöffnet und matt glänzend, entbehrt es der inneren Wärme: es ist das Auge eines fischblütigen Geschöpfes, das in schwermütiger, nicht zu stillender Sehnsucht nach Vereinigung mit einem warmblütigen Wesen strebt, um dort diejenige Wärme zu finden, welche die eigene Natur ihm versagt hat.

Zu Stirn und Auge stehen Kinn und Mund in einer zugleich gegensätzlichen und wechselseitigen Beziehung. Der vorgebauten Stirn entspricht bei Zeus das Zurücktreten des Kinnes, dessen Form trotz des kräftigen Bartes durch die Teilung in dessen Mitte sich noch in hinlänglicher Deutlichkeit erkennen lässt; und ebenso weicht die Unterlippe gegen die noch dem oberen Teile des Gesichtes angehörige, fein nach vorn zugespitzte Oberlippe etwas zurück. Der Mund, nicht streng geschlossen, nicht weit geöffnet, verheisst freundliches Gewähren.

An dem Dämon des Meeres tritt das Kinn in demselben Maasse hervor, wie die Stirn zurückweicht: es tritt nicht nur hervor, sondern hebt sich und schiebt die etwas dicke nnd matt überhängende Unterlippe nach oben, während die obere wie schmerzlich angezogen mehr zurücktritt. So senken sich die Mundwinkel in derselben Neigung abwärts, in welcher sich der Blick des Auges von unten nach oben richtet. Wir werden dadurch an den Schwimmenden erinnert, der, im Wasser liegend, mit einer gewissen Anstrengung ein- und ausatmet, sozusagen wie ein Fisch nach Luft schnappt. Wie aber jede Gemütsbewegung von einer Unregelmässigkeit im Atmen, von mehr oder weniger atemloser Beklemmung begleitet wird, so öffnet sich der Mund nicht, um klar articulierte Laute zu bilden, um zu reden, einen bestimmten Gedanken oder Willen auszusprechen, sondern es scheint sich ihm ein leiser Seufzer zu entwinden, in welchem jenes vergebliche Schmachten und Sehnen im eigentlichsten Sinne sich Luft zu machen strebt.

Um in das Wesen der bisher betrachteten Formen noch einen klareren Einblick zu gewinnen, werfen wir einen kurzen Blick auf die Profilbildung des Kopfes (s. Abbild. auf Seite 79). Hier tritt uns die Correspondenz in der Gestaltung und Stellung des Auges und des Mundes deutlich entgegen; hier sehen wir, wie das Hervortreten des Kinnes und das Zurückweichen der Stirn sich gegenseitig bedingen. Hier erkennen wir auch, wie gegenüber dem kühnen Emporstreben des Zeus auf dem Gesicht des Dämon, besonders auf der Mitte, ein gewisser Druck lastet, der die Nase nach unten hervorpresst. Die Proportionen aller Formen erscheinen dadurch kürzer und breiter, und der Eindruck des Schweren und Gedrückten, der die Profillinie nicht weniger wie die Vorderansicht beherrscht, wird noch wesentlich verstärkt durch die üppige Entwicklung, welche der gesamte Schädelbau nach dem Hinterhaupte zu gefunden hat.

Bis hierher hatten wir es nur mit rein menschlichen Formen zu thun, in denen die Wirkung, die Stimmung, welche die Betrachtung des Meeres in unserer Phantasie erzeugt, ihren geistig-ethischen Ausdruck erhält. Die physische Seite des Elementes klang nur an in der zuletzt erwähnten Üppigkeit der Gesamtanlage, die im Gegensatz zu dem hartknochigen Bau des Zeushauptes auf eine weiche und schwache, dünnschalige Schädelbildung, auf einen Überschuss von Feuchtigkeitsgehalt hinweist, wie er einem üppigen vegetativen Gedeihen sich förderlich erweist. Und doch bildet dieser Anklang den Ausgangspunkt oder die Grundlage für eine weitere Entwicklung des feuchten Elementes, und zwar in denjenigen Teilen, bei denen auch am menschlichen Organismus das Wachstum ein sozusagen vegetatives wird, nämlich an Haar und Bart. Der Weg, den der Künstler dabei einschlug, war ein dem bisherigen geradezu entgegengesetzter. Denn während bis jetzt der entsprechende Ausdruck für die Natur des Elementes in menschlichen Formen gesucht wurde, werden jetzt andere dem menschlichen Körper angehörende Bestandteile nach der Analogie ihres formalen Wachstums den Organismen der anderen Reiche der Natur assimiliert. Wo sonst über dem Auge die Brauen gleich feinen Gräsern hervorspriessen, da überzieht die üppige Vegetation des Meeres den Rand des Stirnknochens mit den lappenartigen Blättern des Seetangs. Gleiche Gebilde überdecken die Ansätze des Bartes an den Wangen und über dem Kinn, sowie die Brust an den Stellen, an denen die Natur die Entwicklung eines kurzen Haarwuchses zulässt. Sie erscheinen hier als Blattwerk; aber als Umbildungen der menschlichen Haut erinnern sie anderwärts nicht selten an die Schuppen, Flossen und Kiemen der Fauna des Meeres. Zugleich aber bilden sie den Übergang zu der noch mehr auf das Element des Meeres hinweisenden Behandlung des Haupt- und Barthaares. Ersteres spriesst nicht wie bei Zeus auf der Höhe der Stirn kurz und straff aufwärts: zwei Löckchen lösen sich nach unten zu ab und senken sich matt auf die Stirn. Die Masse aber quillt über der Stirn in üppiger Fülle hervor, teilt sich in der Mitte und fällt nicht kraus gelockt und buschig, sondern wie von Feuchtigkeit getränkt, seitwärts gleich Wasserwogen in ungebrochenem Flusse herab. Es umschattet nicht, wie bei Zeus mit seitwärts hervorbrechenden Massen das Antlitz, sondern umfliesst dasselbe, indem es sich in seiner vorderen Begrenzung fast wie eine ebene Fläche um Stirn und Wangen herumlegt. In merkwürdiger Übereinstimmung damit entwickelt sich der Schnurbart: während er beim Zeus wiederum kräftig hervorspriesst und, wie das mähnenartige Haar das Gesicht, so seinerseits den Mund umschattet, quillt er bei dem Dämon des Meeres neben den Nasenflügeln wie ein Quell hervor und fliesst, ohne den Widerstand der gehobenen Oberlippe zu überwinden, in der Vertiefung nach den Seiten gleich einer Wasserader herab. Bei dem Vollbart aber möchte man von einem Herabrauschen sprechen. Unter der blattartigen Umgrenzung der Haut strömt er herab wie Wassermassen über ein felsiges Bett. Gerade in der Mitte hebt sich das Kinn empor als ein Hemmnis ruhigen Herabfliessens, und es scheidet sich dadurch nicht nur diese Mitte von der Gleichförmigkeit ihrer seitlichen Umgebung bestimmt ab, sondern durch die Überwindung dieses Hemmnisses entsteht auch unter dem Kinn wie

Kopf einer Meergottheit, Seitenansicht.

unterhalb eines stauenden Wehres eine lebendigere und ungereglere Bewegung, die sich erst unten auf der Brust wie auf ebener Fläche verläuft.

Wir werden uns hier nochmals des Gegensatzes zwischen Zeus und dem Meergotte bewusst: bei dem einen Sammlung, Zusammenfassen, Streben nach vorn, bei dem andern Auseinandergehen nach der Breite. Ja, der Kopf des Meergottes scheint fast der Gefahr ausgesetzt, nach aussen förmlich zu zerfliessen. Wenigstens empfand der Künstler das Bedürfnis, nach dieser Seite einen bestimmteren Abschluss zu gewinnen. Er belastete das Haupthaar mit Trauben, in deren saftigen Beeren das die Umgebungen des Meeres befruchtende Nass wie in feste Tropfen gefasst erscheint. Wie fruchtbare Gelände die Buchten des Meeres umkränzen, so bilden sie für das Wellenhaar eine Begrenzung in grossen, wenig bewegten Linien, die sich besonders an der oberen Hälfte sehr entschieden dem Schema eines Achtecks unterordnen. Aber trotz dieses mathematischen Charakters genügen sie noch immer nicht, den Begriff eines festen Gebildes zu erwecken. Die breiten Massen scheinen noch immer zu schwer auf einem zu schwachen, zu wenig festgefügten Schädelbau zu lasten. Wir bedürfen eines festeren Rückhaltes, und diesen gewähren die zwei hinter der Schläfengegend hervorbrechenden Ansätze von starken Hörnern, welche doch nur auf der Grundlage eines kräftigen Knochenbaues erwachsen können. Ansätze sind es, nicht volle Hörner, wie sie der Flussgott Acheloos trägt, der in Stiergestalt mit Menschengesicht als wilder Bergstrom unaufhaltsam vorwärts stürmt und jeden Widerstand vor sich mit vernichtender Gewalt niederwirft. Sie erinnern uns vielmehr an das Tosen der Meereswogen, die sich allerdings mit gewaltiger Wucht vorwärts wälzen, aber nach vergeblichem Anprall am Ufer grollend wieder zurückweichen.

Unten aber in den Wellen des Bartes tummeln sich lustig zwei Delphine. Verdanken sie ihr Dasein etwa nur einer scherzhaften Laune des Künstlers? Denken wir sie uns einmal weg, und wir werden leicht empfinden, was wir mit ihnen verlieren. Es entschwindet nicht etwa nur der thatsächliche Anblick, sondern jede Vorstellung von der unteren Begrenzung des Gesichtes; es verschwindet nicht weniger der Hals völlig unter den Massen des herabrauschenden Bartes. Indem wir aber jetzt den Eindruck erhalten, dass die beiden Tiere von der Gegend des Ohres her unter den Kinnladen hervorschlüpfen, berechnet sich für unsere Phantasie die Stärke des Halses nach dem Spielraum, den sie für ihre Bewegungen nötig haben, und nicht minder schliessen wir aus der Richtung eben dieser Bewegungen auf die Form der Kinnladen: wie die Hälften des Unterkiefers dem Kinn zustreben, um sich in diesem zu vereinigen, so richten auch die beiden Delphine ihre Köpfe gegen einander und lenken unsere Blicke aus den senkrecht herabfliessenden Bartmassen nach der Mitte, wie um uns auf den festen Zusammenschluss hinzuweisen, den über ihnen das ganze Gebilde des Kopfes in dem stark hervortretenden Kinn findet. Ausserdem bringen sie Bewegung in die Massen, lockern dieselben und gewähren künstlerisch dem Auge zwei feste Stützpunkte, die mit zwei anderen am oberen Teile des Kopfes, den Hörnern, in einer bestimmten Wechselbeziehung stehen. Denn zwischen diesen vier Punkten liegt das ganze Gesicht wie in einer viereckigen Umrahmung eingeschlossen: einer Umrahmung, die jedoch nicht senkrecht steht, sondern nach oben etwas rückwärts geneigt ist und uns dadurch wieder auf die Hebung und Wendung des ganzen Kopfes zurückweist, von der wir bei unserer Betrachtung ausgegangen sind.

Schliesslich darf selbst der Hermenschaft — im Grunde eine abstracte Kunstform, recht eigentlich bestimmt, den Kopf in seiner Isolierung vom Körper zu zeigen — in diesem Zusammenhange nicht unbeachtet bleiben. Unter dem Blattwerk, welches die Brust nach unten überzieht, ist in leichten Wellen das Element angedeutet, in welchem der Dämon seinen dauernden Wohnsitz hat. Das genügt für unsere Phantasie; und wenn wir schon früher durch einzelne Formen an das Bild eines Schwimmenden gemahnt wurden, so ergänzen wir uns leicht den in einen Fischleib auslaufenden Körper, und das Gebilde des gewaltigen Körpers erscheint uns wie aus der Tiefe auftauchend und, obwohl materiell auf sicherer Basis ruhend, doch wie getragen auf schwankenden Wogen, auch darin noch das Gegenbild des auf den unerschütterten Höhen des Olympos ruhig thronenden Herrschers Zeus.

Wir stehen am Schlusse unserer analytischen Prüfung. Bedarf es jetzt noch eines Namens für diesen wunderbaren Dämon? Wohl könnte ich erzählen von den Sagen über den meerfarbigen Glaukos, wie er, ein schöner Fischer, von einem wunderbaren Kraut geniesst und unsterblich wird, wie er ins Meer springt und dort die Gestalt eines fischleibigen Dämons annimmt, wie er bei Nymphen und Nereiden vergeblich um Liebe wirbt, dann wieder weissagend die Meere durchzieht, und wie er, gealtert, überwachsen von der Vegetation des Meeres und bedeckt von Austern und Muscheln, im Gefühl eines freudelosen Daseins jammert, den Tod nicht finden zu können. Unzweifelhaft finden wir viele Züge, ja den ganzen geistig-poetischen Grundton dieser Sagen in dem plastischen Kunstwerk wieder; und so erscheint die

Bezeichnung als Glaukos immer noch passender als jede andere. Nur darf ich wohl mit dem gleichen Recht behaupten, dass das Verständnis des Kunstwerkes durch die Kenntnis der Sage kaum eine Förderung erfährt, dass vielmehr die nicht streng religiös dogmatische, sondern aus einfacher Naturbetrachtung erwachsene und in verschiedenen Farben schillernde Volkssage durch das Kunstwerk erst recht lebendig wird und in voller Anschaulichkeit vor unser Auge tritt. Wahrscheinlich entspricht es dem einfachen Empfinden mehr, wenn ich daran erinnere, dass der Marmor in der Nähe von Neapel gefunden ist und dass man, darauf gestützt, in ihm geradezu eine Verkörperung des Golfs von Neapel in dem Glanze seiner lichtvollen Erscheinung und seiner üppigen Umgebungen hat erkennen wollen. Doch widerspricht auch einer solchen Individualisierung der Umstand, dass das Werk als Kunstwerk nicht individuell und vereinzelt, sondern mitten in einer zahlreichen, gleichgearteten Umgebung dasteht. Wer wird z. B. zwei weniger reich ausgestattete Kolossalköpfe aus Antium für eine Verkörperung des dortigen langgestreckten Strandes zu erklären wagen? In einem anderen bärtigen Gebilde hat ein hoch und flach gebauter Fisch mit scharfen stacheligen Flossen die Grundlage abgeben müssen für den Typus eines alten Meerdämons von düsterem, barschem, man möchte wiederholen stacheligem Charakter. Dann finden wir wieder jugendliche Gestalten, die mit wilder Leidenschaft, Raubfischen vergleichbar, Nymphen verfolgen und in ihren Armen davontragen, hier in den Formen ihrer Köpfe fast rein menschlich, dann wieder mit Pflanzen- oder Schuppenwerk überzogen, mit satyrartigen Ohren, mit Flossen, mit Hörnern oder mit Krebsscheren an Stelle der Hörner. Selbst die Medusa (man vergleiche die Abbildung einer pompejanischen Bronze auf S. 37) ist zu einem Meerdämon umgewandelt. Unmöglich würde es sein, für diese ganze bis zum Tierreich herabsteigende Stufenleiter von Wesen eine nur annähernd entsprechende Stufenleiter von Namen aufzustellen. Und doch trägt ein jedes dieser Wesen seine Berechtigung in sich, ist ein Individuum für sich, nicht vom Standpunkt der Religion und Mythologie, nach dem sie nur einen einzigen Gattungsbegriff repräsentieren, sondern vom Standpunkt einer künstlerisch-poetischen Naturanschauung, die in der Mannigfaltigkeit ihrer Auffassung mit der Mannigfaltigkeit der Natur selbst zu wetteifern vermag. Dadurch aber treten sie in einen Gegensatz zu den alten, eigentlich nationalen Gottheiten der Hellenen. Sie sind nicht mehr ausschliesslich hellenisch, sondern hellenistisch, das heisst sie gehören einer Zeit an, in welcher namentlich infolge der Eroberungszüge Alexanders des Grossen die hellenische Cultur, die engeren Bande der Nationalität sprengend, die Civilisation der gesamten damaligen Welt befruchtend und zum Teil wieder von ihr befruchtet, durchdrang und neu gestaltete. Denn mit der äusseren lokalen Verbreitung ging auch die innere Verallgemeinerung, der Fortschritt vom Hellenismus zum Humanismus Hand in Hand.

Und doch bleiben alle diese Gestalten im Gegensatz zur modernen Zeit immer antik: sie sind entstanden auf der Grundlage einer Anschauung, welcher die gesamte Natur durchdrungen erschien von dem Hauche persönlichen göttlichen Lebens. Wenn ein moderner Künstler die Herrlichkeiten des Golfes von Neapel schildern will, so greift er zu Pinsel und Palette; er stellt das landschaftliche Bild vor unser Auge, damit es in Linien, Formen und Farbe auf uns wirke als ein Abbild der Natur selbst; er malt das tiefe blaue Meer, den Glanz des Sonnenlichtes, die schattigen, kühlen Grotten, die fruchtbaren Rebengelände, um in uns jene Stimmung von wehmutsvollem Entzücken zu erwecken, die in dem Ausrufe gipfelt: veder Napoli et poi morir! Er malt treu nach der Natur oder in einem höheren Sinne noch treuer, er malt nach den Motiven der Natur mit künstlerisch schöpferischem Sinne eine Stimmungslandschaft. Die Alten kennen reiche, auch stimmungsvolle landschaftliche Hintergründe, sie kennen Prospecte; wir besitzen noch Teile einer gemalten Odyssee, in der die Figuren nur die Staffage bilden, aus der heraus die ganze Landschaft als eine poetisch-historische componiert ist. Zu einer eigentlichen Stimmungslandschaft finden sich kaum schwache Anfänge. In dieser Beschränkung ist es richtig, wenn man sagt, dass die Alten keine Landschaftsmalerei hatten und dass auf diesem Gebiete die neuere Kunst über die alte den Sieg davongetragen. Aber fehlte darum den Alten der Sinn, das Empfinden für die Natur, oder vermochten sie nur nicht, für dieses Empfinden, für die landschaftliche Stimmung den entsprechenden künstlerischen Ausdruck zu finden? Die Form der Darstellung mag wechseln; aber — ich werfe noch einen letzten Blick auf diesen Dämon und schliesse: so malten die Alten Landschaft!

Apollo Giustiniani.

Vortrag, gehalten auf der Philologenversammlung in München 1891.

(Tafel VII und VIII.)

Der Versuch, die künstlerischen Idealbildungen der griechischen Götterwelt nach ihrem geistigen Gehalt durch eine analytische Betrachtung ihrer Formen zu erläutern, geht aus von der Voraussetzung, dass wir es bei ihnen nicht mit Bildungen einer subjectiven Phantasie, sondern mit künstlerischen Schöpfungen zu thun haben, die ihre Berechtigung in sich selbst tragen, indem sie aus einer innern Notwendigkeit herauswachsen. Diese Voraussetzung ist freilich nicht unbestritten, und sie würde aufzugeben sein, sofern die Principien des Darwinismus auch in der Archäologie Geltung erlangen sollten. Wie der Mensch aus dem Urschlamm nach und nach, durch verschiedene Übergangs- und Vermittlungsstufen, zuletzt aus dem Affen herausgewachsen sei, so, meint man, habe sich auch das griechische Götterideal aus den rohesten und formlosesten Bildungsversuchen nach und nach entwickelt: man habe begonnen, das älteste Idol zu drehen und zu wenden, nach einzelnen Seiten durchzunehmen und umzuformen, bis etwas herausgekommen, was den inzwischen vorgeschrittenen, verbesserten Vorstellungen entsprochen habe. Dieser Prozess aber habe sich immer von neuem wiederholt, nicht bloss so lange, bis etwa ein Zeus des Phidias entstanden, sondern auch nachher habe dieses Nachputzen und Nachbessern fortgedauert, je nachdem sich im Verlaufe der Zeit die Vorstellungen eines sittlichen oder Schönheitsideals verändert. Denn die Entwicklung selbst sei ohne Ende. Äusserlich mag eine solche Anschauungsweise etwas Bestechendes haben. Aber sie

TAF. VII.

APOLLO GIUSTINIANI

leidet an demselben Fehler, wie die Darwin'sche Lehre vom Menschen. Wenn diese die formalen Typen in ununterbrochener Folge von der Zelle bis zum Menschen uns vor Augen führt, so lässt sie doch das Rätsel ungelöst, wie diese Formen sich mit einem niederen, mit einem höheren Leben erfüllen, wie aus dem Affen schliesslich der mit Geist begabte Mensch wird. Ebenso vermag wohl der darwinistische Archäolog eine fortschreitende Reihe von Göttertypen nach ihrer äusseren Gestaltung aufzustellen, aber er wird die Antwort auf die Frage schuldig bleiben, wie denn aus dem Typus ein Ideal wird. Noch in Bildungen aus der Zeit unmittelbar vor Phidias erkennen wir einen Zeus am Blitz, einen Poseidon am Dreizack. Nehmen wir ihnen diese Attribute, so vermögen wir schwer oder gar nicht den einen von dem andern zu unterscheiden. Subjektives Vorstellen vermag hier die Schranke nicht zu überspringen: es wird immer nur zu subjectiven Bildern gelangen, nicht zu idealen — sofern wir nicht etwa auch verschnörkelte Götterbilder, wie die der Urwäldler Amerikas, als Ideale bloss deshalb bezeichnen wollen, weil sie aus dem subjectiven Vorstellen nicht eines einzelnen Individuums, sondern eines ganzen Volkes hervorgegangen sind. Im Ideal muss zu dem früheren Element des Typischen etwas durchaus Neues hinzutreten, das einen ganz neuen künstlerischen Schöpfungsprozess voraussetzt. Dieses Neue aber ist nichts anderes, als eben die ausserhalb der Erfahrung liegende, im voraus vorhandene geistige Idee, sagen wir nicht der Gottheit im allgemeinen, sondern je der besonderen Gottheit, die als ein einheitliches organisches Ganze vom Geiste des Künstlers erschaut und von seiner Hand, zwar aus dem Schatze seiner Erfahrung, aber nach den ewigen Gesetzen des Daseins mit Formen bekleidet wird.

Aber, wird man sagen, wenn nun auf diesem Wege durch das Genie eines Künstlers ein von subjectivem Vorstellen unabhängiges, rein objectives und somit allgemein gültiges, notwendiges Ideal festgestellt ist, wird dadurch nicht die Freiheit jedes nachfolgenden Künstlers in Fesseln geschlagen, wird dadurch nicht jeder spätere Künstler zum blossen Nachahmer herabgesetzt? So wenig wie die Natur oder, möchte ich lieber sagen, die göttliche Schöpferkraft, die nach dem einen Bilde, nach der einen Idee des Menschen unzählige Individuen, ein jedes verschieden von dem andern schafft. Auch die Idee eines Zeus ist keine abstracte, absolute. Die eine Idee des Königs und Vaters tritt uns in verschiedenen Abstufungen oder

Schattierungen entgegen. Je nachdem im Vater die Milde oder die Strenge, im Könige gütige Herablassung oder stolze Majestät überwiegt, je nachdem die Grundstimmung heitere Ruhe, tiefer Ernst, lebendige Erregtheit ist, muss das Bild in Zeichnung, in Farbe, Beleuchtung wechseln und doch bleibt dabei die Grundidee des Gottes eine und dieselbe. — Damit nicht genug! Nicht die Idee eines jeden Gottes ist eine so einheitliche, so einheitlich concentrierte, wie die des Zeus, sondern oft entwickeln sich die verschiedenen Eigenschaften schärfer nach zwei entgegengesetzten Richtungen, so dass sie schliesslich wie in zwei getrennte Persönlichkeiten auseinandertreten. Das ist der Fall bei Apollo. Ich will nicht in die Tiefen des mythologischen Bildungsprocesses hinabsteigen, um Ihnen darzulegen, wie aus der lebendigen Naturanschauung des das All erleuchtenden Tagesgestirns einerseits die Gestalt des thatkräftigen, helfenden wie strafenden Fernhintreffers Apollo, andrerseits die des von dichterischer Begeisterung getragenen Gottes des Gesanges und Führers der Musen erwachsen ist. Die poetische Anschauung beider war bereits gegeben, als die Kunst daran denken konnte, sie in ihren Idealen zu verkörpern. Meine Aufgabe beschränkt sich darauf, Ihnen den einen wie den andern in plastischer Gestaltung vor Augen zu führen und an diesem Beispiele Ihnen die Grenzen, gewissermassen die beiden Pole nachzuweisen, innerhalb deren sich die Idealbildung eines und desselben Gottes zu bewegen vermag, worin das Gemeinsame, die ideelle Einheit und worin die Verschiedenheit dieser beiden Pole begründet liegt.

Der eine ist ein alter Bekannter, der Kopf des belvederischen Apollo, der andere, einst im Besitz der Familie Giustiniani in Rom, befindet sich jetzt im britischen Museum. Ich wiederhole hier nicht, was ich bereits im Jahre 1868 auf einer früheren Philologenversammlung, in Würzburg, über den ersteren und seine Beziehungen zu der Niederlage der gallischen Barbaren bei Delphi im J. 279 v. Chr. G. dargelegt habe. Wie dem auch sei, so haben wir in der belvederischen Statue eine Darstellung des Apollo als des thatkräftigen, die Freunde schützenden, die Feinde vernichtenden Gottes.

Die ursprüngliche Naturbedeutung als Sonnengott, die sich in damaliger Zeit schon wieder von dem anfänglichen Gottesbegriffe in der gesonderten Persönlichkeit des strahlenumkränzten Helios losgelöst hatte, konnte natürlich nicht wie bei diesem letzteren in den

TAF. VIII.

APOLLO VOM BELVEDERE

Vordergrund treten, und doch liegt sie nach ihrem ethischen Gehalte auch hier noch zu Grunde. Das glänzende Gestirn des Tages erscheint uns in strahlender, fleckenloser Reinheit, nicht wie Selene in zunehmender oder abnehmender Stärke, sondern sich ewig gleich, unveränder-

Kopf des Apollo vom Belvedere, Seitenansicht

lich und mit jedem Tage neu verjüngt. Ebenso tritt auch der Gott uns entgegen, nicht ein zarter, eben den Knabenjahren entwachsener Jüngling, nicht ein schon ausgereifter Mann, sondern in unvergänglicher, mannhafter Jugend, ohne üppige Fülle, ohne Magerkeit, in strahlender, untadeliger Schönheit. Ein mehr breites als schmales

Oval umschreibt das Gesicht in seinem äusseren Umriss, ohne dass es deshalb in seinen einzelnen Formen breit zu nennen wäre. Denn wenn so manche griechische Köpfe, namentlich aus der peloponnesischen Kunstschule, wie aus einem viereckigen, quadraten Körper herausgeschält erscheinen, so geht hier die Grundauffassung des Künstlers vielmehr von der Rundung des Kopfes aus. Die Seiten fallen nicht von der Vorderfläche des Gesichts wie von einer Ecke steil ab, sondern sie wölben sich von der Basis, von Ohr und Kinnbacken, in schönem Bogen nach vorn, so dass sich namentlich die Mitte der Stirn in starker Schwellung energisch hervorhebt und ebenso die Nase kräftig heraustritt. Und wie in dem untern Gesichtsbogen das Kinn nicht spitz und nicht breit, durch eine leichte Hebung sich als ein kräftiger Abschluss einfügt, so ist oben die Höhe der Stirn zwar durch die Scheitelung des Haares bestimmt bezeichnet, ohne jedoch eine eigentliche Spitze zu bilden. Vielmehr umrahmt auch hier der Ansatz des Haares die Stirn in weitem Bogen, ohne sie zu bedecken, und indem es in reichen, schöngewellten Massen an den Schläfen nach oben aufgebunden, rückwärts aber in reichen Locken sich entwickelt, umkränzt es das Haupt und erinnert hier nochmals an den strahlenden Glanz der leuchtenden Sonnenscheibe. Gerade hierdurch aber war die Schwierigkeit gegeben, nach aussen, besonders nach oben hin einen festen und bestimmten Abschluss zu gewinnen. Darum legte der Künstler quer über das Vorderhaupt den sogenannten Krobylos: er belastet dasselbe nicht, er fasst nur das Haar zusammen und verhindert das zu flimmernde Ausstrahlen. Zugleich aber bildet er, etwas zurückgerückt, ein harmonisierendes Gegengewicht gegen die stark hervortretenden Teile des vorderen Gesichtes und gleicht durch den Zuwachs an Höhe die Breite der Gesamtanlage wieder aus.

Wenden wir uns jetzt zu dem giustinianischen Kopfe, so werden wir durch den ersten vergleichenden Blick sofort nochmals auf den belvederischen zurückgewiesen, um uns einer fundamentalen Verschiedenheit zwischen beiden bewusst zu werden, einer Verschiedenheit nämlich in der ganzen Stellung und Haltung. Der belvederische Kopf ist gegen den festen Nacken zurückgeworfen und gehoben, so dass in der Profillinie die Stirn im Verhältnis zum Kinn etwas zurückweicht. Am giustinianischen Apollo neigt sich der Kopf nach vorn und lastet auf der rechten Seite des Halses, den er zu einer Falte zusammendrückt. Von dieser Neigung aber bleiben alle übrigen

Formen des Kopfes keineswegs unberührt; vielmehr verändert mit ihr und durch sie das Ganze seinen inneren Schwerpunkt. Die gesamte Substanz des Kopfes, als wäre sie eine weich elastische und bewegliche Masse, folgt der Neigung; man möchte sagen, jedes einzelne Atom verschiebt sich gleichmässig wie unter einem einheitlichen gleichartigen Drucke, einer gleichartigen inneren Spannung. Diese Bewegung beginnt und äussert sich am stärksten da, wo ganz materiell eine Veränderung am leichtesten möglich ist, nämlich am Krobylos. Dieser ist scharf nach vorn gerückt. Dass es sich aber dabei nicht bloss um eine äusserliche materielle Verschiebung, sondern um eine durch eine besondere innere Kraft veränderte Lage handelt, zeigt die Behandlung des am Oberschädel eng anliegenden Haares. Dieses strahlt am belvederischen Kopfe von dem etwas nach rückwärts liegenden Wirbel regelmässig nach allen Seiten aus; am giustinianischen rückt nicht allein der Wirbel mehr nach vorn, sondern das gesamte Haar lässt einen scharfen Zug nach derselben Richtung deutlich erkennen. Diese Spannung und Drehung,

Kopf des Apollo Giustiniani, Seitenansicht

die an der gewissermassen im Flusse befindlichen Materie nicht nur nach vorn, sondern gleichmässig nach den Seiten, in die Breite wirkt, beschränkt sich aber nicht bloss auf den Krobylos, sondern äussert sich weiter darin, dass sich das die Stirn umkränzende Haar seitwärts auf diese herabsenkt, infolge der inneren Spannung seinen stark gewellten, lockigen Charakter verliert und sich in seinen einzelnen, mehr fadenartig neben einanderliegenden Partien zu einer grösseren, einheitlichen Masse verbindet, welche die Belastung des Kopfes durch den Krobylos rings um denselben herum fortsetzt. Hinten aber bedarf die

Belastung der Stirn noch eines besonderen Gegengewichtes, weshalb die am belvederischen Kopfe lose in den Nacken herabhängenden Locken in einem festen, schweren Schopf gesammelt sind.

Durch diese Anordnung des Haares wird die Stirn in ihrer Höhe wie in ihrer Breite geschmälert und bildet ein spitzes Dreieck, wobei in eigentümlicher Weise auch einmal eine damalige Mode, die kleinen an heutige Moden erinnernden Löckchen, einen nicht geringen Einfluss ausgeübt hat. An der unteren Begrenzung dieses Dreiecks aber müssen die schöngewölbten Bogen beider Augenbrauen, richtiger Oberaugenhöhlenränder, des belvederischen Kopfes dem Drucke von oben weichen, indem sie sich seitwärts ausdehnen und in der Mitte zu einer geraden Linie angespannt werden, so dass sie am Ansatze der Nasenwurzel sogar wie leicht eingeknickt erscheinen. Im Zusammenhange hiemit, wie mit der veränderten Neigung der Stirn, setzt sich endlich die Nase im rechten Winkel an die Stirn und fällt steiler und geradliniger von ihr ab.

In diesen Teilen erreicht jedoch die Spannung ihren höchsten Grad. Würde sie in der gleichen Stärke noch weiter nach unten wirken, so müssten wir sie als einen mechanischen Druck empfinden, der das ganze Gebilde des Kopfes zusammenquetschte. Es handelt sich aber hier vielmehr um eine organisch wirkende Kraft, die nach dem Gesetze organischer Bildungen für jede Disharmonie oder Dissonanz eine harmonische Ausgleichung sucht. Diese wird hier in der unteren Hälfte gefunden auf einem Wege, den ich Ihnen durch die Analogie gewisser Beobachtungen veranschaulichen möchte, welche wir nicht selten an photographischen Darstellungen machen können. An ihnen pflegen stark hervortretende Teile, z. B. eine vorgestreckte Hand, relativ zu gross, zurückweichende zu klein zu erscheinen. So gewinnen an dem giustinianischen Kopfe die vorgeneigten oberen Teile an Volumen, wogegen die mehr zurückweichende untere Hälfte in demselben Maasse geschmälert erscheint; das breite Oval verengert sich, die Fläche, in welcher der Mund liegt und dieser selbst werden schmäler; die Seitenflächen fallen steiler ab; die Nase, um nicht verkürzt zu scheinen, muss thatsächlich verlängert werden, und die ganze untere Hälfte des Gesichts überhaupt streckt sich in demselben Verhältnis, in welchem die obere gedrückt erscheint.

Auf diese Weise treten die beiden Köpfe durch die Verteilung der Massen in einen bestimmten Gegensatz, und doch verschwindet nie die Verwandtschaft, die bestimmte Familienähnlichkeit, durch welche sie wie ein Brüderpaar eng unter einander verbunden erscheinen. Materiell wirken sie etwa wie zwei mathematische Figuren, die nicht congruent, sondern ähnlich sind, die auf einem Netz von Punkten und Linien beruhen, das nicht unveränderlich, sondern verschiebbar ist, so dass sich also die einzelnen Punkte nicht decken, wohl aber unter einander immer eine bestimmte Proportionalität bewahren.

So sehr nun auch durch den verschiedenen Aufbau, die verschiedene Verteilung und Verschiebung der Massen der Gesamtcharakter der beiden Köpfe bedingt ist, so erhalten sie doch ihr individuelleres Gepräge erst durch Auge und Mund, die, wenn sie auch in ihren Formen von den sie umgebenden festen Teilen nicht unabhängig sind, doch durch die Fähigkeit freierer Bewegung dem Ganzen erst Leben und damit lebendigen geistigen Ausdruck verleihen.

Was uns am Kopfe des belvederischen Apollo vorzugsweise fesselt, das ist die Energie des Blickes. An Idealköpfen einer früheren Zeit, welche die Götter vorzugsweise in olympischer Ruhe zu zeigen liebte, begegnen wir meist einer Stilisierung des Auges, infolge welcher der Augapfel wie halb hinter den Lidern versteckt liegt und der Glanz des Blickes wie leise abgedämpft erscheint. Am Apollo entwickeln sich die Augäpfel in starker Rundung und in starker Spannung seitwärts und nach oben, wo an dem höchsten Punkte das obere Augenlid scharf unterschnitten hervortritt, während es nach den Seiten flacher verläuft und das untere überhaupt feiner und zarter zurückweicht. Die Axen beider Augen sind leise gegen einander geneigt und bewirken dadurch, dass der Blick fest und bestimmt nach einem Punkte, einem Ziele gerichtet ist: es ist ein scharf fixierender Blick. Am Munde ist die zarte Oberlippe in der Mitte leise gehoben, senkt sich dagegen seitwärts nach den Winkeln stark herab und erzeugt dort einen starken Zug von Verachtung. Die Unterlippe aber schwillt von Stolz und Zorn, hebt sich und tritt hervor, und unter ihr zu beiden Seiten werden durch die Hebung die beiden Muskeln, die sogenannten Niederzieher, schärfer angespannt. Der Mund ist nicht zum Reden geöffnet, aber er ist sprechend: sobald der Gott seine Stimme erhebt, werden die Worte seinem Blicke entsprechen: klar, bestimmt, entschieden.

An dem giustinianischen Kopfe führt die besondere Aufgabe den Künstler zu einer der älteren verwandten Bildung des Auges.

Die Spannung der Stirn wirkt natürlich auf das mit ihr in unmittelbarer Wechselwirkung stehende Auge, indessen nicht sowohl auf den Augapfel, der durch seine Beweglichkeit dem Drucke auszuweichen vermag, als auf dessen äussere Umhüllung, die Augenlider. Diese werden stark nach vorn herausgetrieben und vermögen sich nicht hoch und weit, sondern nur mandelförmig zu öffnen, so dass der Augapfel wie hinter die Lider zurückgedrängt, halb hinter ihnen versteckt ist und der Glanz des Blickes nicht nur gedämpft, sondern wie verschleiert erscheint. Nicht scharf nach aussen gerichtet, fixierend ist er, sondern er hat etwas Unbestimmtes, Passives; das Auge scheint kaum bestrebt, einen Eindruck von aussen aufzunehmen, sondern vielmehr nur die empfangenen Eindrücke zu sammeln, sie aus der äusseren Wahrnehmung dem inneren Sinne zuzuführen, dort zusammenzufassen und zu neuen Bildern zu gestalten. Dem entsprechend zeigt auch der Mund nichts von äusserer Erregung; zwar ist er auch nicht fest geschlossen, aber enger zusammengezogen und mit vollen weichen Lippen scheint er geradezu unfähig, zu zürnen, und nur bestimmt, sich zu mild und harmonisch dahinfliessender Rede zu öffnen.

In Form und Ausdruck stehen also beide Köpfe in einem bestimmten Gegensatz, und doch empfinden wir, dass beide, wie zwei Äste oder Zweige aus einer Wurzel, einem Stamme erwachsen sind. Ich weiss nicht, wie weit sich physiologisch die Annahme begründen lässt, dass die intellectuellen Kräfte in den vorderen Teilen des Gehirns, die Organe der Thatkraft weiter rückwärts ihren Sitz haben. Wenigstens aber gehen wir von einer verwandten Anschauung aus, wenn wir von der gedankenschweren Stirn des Denkers, von dem stolzen Nacken des mutigen Kriegers sprechen. In analoger Richtung treten sich die beiden Köpfe gegenüber. Zwar ist Apollo, auch ein so erregter wie der belvederische, kein wildanstürmender Ares, kein so wuchtiger Kämpfer wie Herakles, nicht einmal ein zu ausgesuchter Körpertüchtigkeit palästrisch durchgebildeter Hermes. Sein ganzes Wesen ist mehr geistiger Art, ein Abbild des himmlischen Lichtes, das segensreich erwärmend wie verderblich, das reinigend und läuternd wirkt, nicht nur physisch, sondern auch geistig. Selbst seine Waffen, seine Pfeile, treffen wie die Strahlen der Sonne, gleichsam unsichtbare, stofflose Geschosse. Und ebenso die Aegis, welche der belvederische Gott führt, sie verwundet, sie tötet nicht direct, sie verbreitet Schrecken und Entsetzen, und so ist auch hier des Gottes

Wirken ein mehr geistiges als materielles. Innerhalb dieser geistigen Sphären bietet nun aber der Apollo von Belvedere das Bild der höchsten thatkräftigen Energie: der Schritt, die Bewegung der Arme sind voll dramatischen Lebens, auf ein festes, bestimmtes Ziel gerichtet. Aus den Augen entsendet er nach diesem Ziele die Pfeile seines Blickes; alles ist leuchtende Klarheit, alles nach aussen gekehrt, nach aussen thätig und wirkend.

Diesem Activum gegenüber erscheint der giustinianische Kopf gewissermassen als das entsprechende Passivum. Was die Alten unter dichterischem Wahnsinn verstanden, ist wohl nie schärfer zum Ausdruck gebracht worden, als an diesem Kopfe, den ich als den Repräsentanten eines Stückes antiker Romantik bezeichnen möchte, insofern das ganze geistige Wesen, vom Boden der Wirklichkeit gelöst, sich nur in den Regionen der Phantasie zu bewegen scheint. Nichts richtet sich hier nach aussen, auf einen einzelnen bestimmten Punkt. Die Gestalt, mit der wir uns den Kopf vereinigt zu denken haben, vermögen wir uns nur in absoluter Ruhe ohne Beziehung zur Aussenwelt vorzustellen. Aber der Geist ist erfüllt von Eindrücken und Bildern, die, im Innern gesammelt, zu neuen, erhabeneren Gestaltungen abgeklärt werden sollen. Fast zu schwer belasten die vollen und reichen Haarmassen die gedankenvolle Stirn; aber gerade dadurch wird der Ausdruck geistigen Ringens, der schweren Geistesarbeit nur um so schärfer hervorgehoben. Und wenn der strahlende Gott des Belvedere durch die Aegis wie durch einen Gewittersturm Tod und Verderben heraufzubeschwören scheint, so wird sich die dumpfe Schwüle tiefen Sinnens im Gegenbilde des giustinianischen Kopfes schliesslich auflösen zu poetischer, phantasievoller Verklärung. Derselbe Gott, der durch seine Thatkraft die Welt in Aufruhr versetzt hat, er wird sie jetzt zur Ruhe zurückführen durch die seiner Phantasie entströmenden, die Leidenschaften besänftigenden und reinigenden Rhythmen und Harmonien.

Dennoch täusche ich mich vielleicht nicht in der Annahme, dass Ihnen der zweite Kopf durch den Gegensatz des ersten in etwas zu trübem Lichte erscheint, dass Sie etwa meinen, der Künstler sei wenigstens bis hart an die Grenze gegangen, über welche hinaus das Idealbild eines griechischen, auf den lichten und heiteren Höhen des Olympos wohnenden Gottes nicht gedacht werden dürfe. Und doch hoffe ich Sie vom Gegenteil, von der weisen Mässigung und Zurückhaltung in der künstlerischen Auffassung zu überzeugen, wenn ich zur Richtigstellung Ihres Urteils diesen Kopf in Gegensatz bringe zu einem dritten, den ich schon einmal zu einem analogen Zweck Ihnen auf der Philologenversammlung zu Innsbruck (vgl. die Abbildung auf Seite 47) vorgeführt habe. Damals hat er mir gedient, die tiefe, aber milde Wehmut in den Zügen der ihrer Tochter beraubten Demeter an dem gesteigerten Affekt dieses Wesens von mehr elementarer Natur zu messen. An ihm, einem Triton, den wir uns etwa im Begriffe, eine Nymphe zu rauben, vorstellen müssen, war es dem Künstler gestattet, eben jene elementare Naturkraft ungezügelt von sittlicher Selbstbeherrschung zur Darstellung zu bringen. Hier ist alles Leidenschaft, sinnliche Leidenschaft. Gegenüber diesem vom Sturm aufgeregten Meere glättet sich das Antlitz des olympischen Gottes: wir sehen hier nichts mehr von einer momentanen Erregung, nicht mehr Leidenschaft, sondern nur noch ein Leiden, Pathos; wir erkennen, dass das ganze Wesen des Gottes erfüllt und durchdrungen ist von einem geistigen Affect, der tief begründet in der inneren Natur des Gottes ihm selbst zur anderen Natur geworden ist. Hier zeigt sich die weise Maasshaltung der griechischen Kunst in ihrem reinsten Lichte, hier zeigt es sich auf das Schlagendste, dass nicht die Form an sich, sondern die Form als Trägerin der geistigen Idee das ist, was der griechischen Kunst ihren unvergänglichen Wert verleiht und sichert.

Lange bevor die beiden Apolloköpfe entstanden, gab es vollendete Darstellungen des Gottes. Sind aber darum die beiden Künstler, denen wir sie verdanken, etwa blosse Nachahmer früherer Generationen? oder, da ich Ihnen hier den weiten Abstand zwischen den verschiedenen Bildungen nicht darlegen kann, ist auch nur der eine von beiden ein Nachahmer des andern? Sie mögen selbst es ermessen, ob das eine Bild durch ein successives Verbessern, Umbilden aus dem andern entstanden sein kann. Vielmehr werden Sie jetzt zugeben, dass zwischen beiden noch eine Reihe anderer Gestaltungen möglich wäre, deren jede die gleiche innere Berechtigung in sich trüge, deren jede als ein Ideal im vollen Sinne des Wortes zu gelten hätte; und mögen einzelne oder alle einstmals in Marmor oder in Metall ausgeführt worden sein oder nicht, sie existieren auch noch für uns — in der Idee. Wenn also die Idee ewig, wenn ferner in dem Ideal jede einzelne Form, in welcher die Idee verkörpert ist, mit innerer Notwendigkeit gegeben ist, versetzen wir dann nicht erst recht den Künstler in eine Zwangslage, berauben wir ihn nicht aller und jeder Freiheit? Frei ist der Künstler in seiner Wahl, der Auswahl der einen, bestimmt begrenzten unter der unendlichen Reihe von Ideen. Hat er gewählt, so ist er freilich gebunden. Aber was ihn bindet, das Gesetz, empfindet er nicht als eine Fessel, als einen Zwang. Denn je grösser der Genius, um so mehr wird er sich einig fühlen mit dem Gesetz; er wird in seinem Werke erst dann Befriedigung finden, wenn es das Gesetz ganz und voll erfüllt. Erst auf diesem Wege befreit er sich von wirklich hemmenden Fesseln, den Fesseln des Zufälligen, Vergänglichen, Irdischen, und erhebt sich zum Priestertum des Ewigen, Unvergänglichen.

Asklepios und Zeus.
1892.

(Tafel IX und X.)

Der auf Taf. IX abgebildete bärtige Götterkopf, der mit der Blacasschen Sammlung in das britische Museum übergegangen ist, stammt von der Insel Melos, wo er 1828 in einer »Grotte« zusammen mit zwei Inschriften und mehreren marmornen Weihgeschenken entdeckt wurde, welche auf ein dem Asklepios und der Hygieia geweihtes Heiligtum hinwiesen. Der Kopf war nicht aus einem einzigen, sondern aus drei genau zusammengepassten Marmorstücken gearbeitet, von denen das eine, die hintere Hälfte des Oberschädels bildend, sich losgelöst hat und verloren gegangen ist, während das zweite nach unten sich abschliessende nebst dem Halse und das dritte, welches die ganze vordere Hälfte des Kopfes umfasst, unversehrt erhalten sind. Eine Reihe von Bohrlöchern und Bronzestiften hinter dem Stirnhaar zeigen, dass das Haupt ursprünglich mit einem Blattkranze aus Metall geschmückt war. Obwohl nichts darauf hinweist, dass der Kopf für sich als Büste oder als Herme gearbeitet war, so haben sich doch von einer dazu gehörigen Statue keine Reste gefunden, was an die Möglichkeit denken lässt, dass Körper und Kopf schon ursprünglich getrennt aus verschiedenen Stoffen, etwa Bronze und Marmor, gearbeitet waren und unter Zuhilfenahme von Farbe und Vergoldung eine den chryselephantinen Werken verwandte Wirkung hervorbringen mochten.

Die Ausführung ist in keiner Weise nachlässig oder oberflächlich, aber ebensowenig übermässig sorgfältig, als ob etwa das Technische der Behandlung für sich eine selbständige Beachtung beanspruchen sollte. Vielmehr trägt sie durchaus den Charakter einer originalen

TAF. IX.

ASKLEPIOS VON MELOS

Arbeit, die mit leichter, genialer Hand gerade nur so viel zur äusseren Darstellung bringt, als notwendig ist, um das geistige Wesen der darzustellenden Persönlichkeit in plastischen Formen zu klarem Ausdruck zu bringen.

Aber wer ist dieser Gott? Anfangs nannte man ihn im Hinblick auf die inschriftlichen Funde Asklepios. Dann aber fing man an, Bedenken zu äussern: die Inschriften uud Weihgeschenke stammen aus der römischen Kaiserzeit, der Kopf muss um mehrere Jahrhunderte früher, etwa um das Jahr 300 vor Christi Geburt, entstanden sein; dazu macht der ganze Fund mehr den Eindruck einer zufälligen Anhäufung als einer überlegten Zusammenstellung. Genug, man hat sich in neuerer Zeit einzig durch die würdige äussere Erscheinung bestimmen lassen, in dem Gotte vielmehr Zeus als Asklepios erkennen zu wollen. Es soll nun nicht in Abrede gestellt werden, dass in Verbindung mit den Heilgöttern nicht auch einmal ein Bild des höchsten Weltbeherrschers aufgestellt und geweiht worden sein könnte. Aber die Fundumstände werden doch immer für die Deutung so lange massgebend bleiben müssen, als sie nicht durch schwerwiegende und entscheidende Bedenken überwogen und in ihrer Beweiskraft als hinfällig erwiesen werden. Was zwingt uns aber, über den durch Inschriften und Weihgeschenke begrenzten engen Kreis der Asklepiaden hinauszugehen? Gewiss nichts, sobald uns eine Prüfung der Formen des Kopfes selbst den besten Beweis liefern wird, dass diese in der Idee des Heilgottes Asklepios und gerade in dieser ihre Erklärung finden. Dieser Nachweis wird sich aber nicht sicherer führen lassen, als eben durch die Vergleichung mit den Formen des scheinbar so nahe verwandten Zeusideales.

Zu diesem Zwecke könnte schon die Prüfung des bekanntesten aller Köpfe des Gottes, des Zeus von Otricoli, ausreichen, der für das jüngere Ideal aus der Zeit nach Phidias noch immer seine kanonische Bedeutung bewahrt hat. Doch mag hier ein anderes Bild, ein Terracottakopf von etwa zwei Drittel Lebensgrösse, in den Vordergrund gestellt werden, der, von mir im römischen Kunsthandel erworben, sich jetzt im Besitze des münchener Antiquariums befindet (Taf. X.) Bis auf die Spitze der Nase, ein kleines Stück der linken Augenbraue und eine Haarlocke über der Höhe des linken Auges ist er wohl erhalten, und der Eindruck der Lebendigkeit wird gesteigert durch die dunkelrötliche Färbung des Gesichtes und die fast schwarze Farbe des Haares und des Bartes. Besonders flott ist das krause, gelockte Haar modelliert. Aber auch allen Formen des Gesichtes ist durch die Behandlung im weichen Thon ein weit individuellerer Charakter aufgeprägt als er in dem schematischen Aufbau des Marmors von Otricoli zum Ausdruck gelangt ist.

Zeus von Otricoli

Vergleichen wir jetzt auch nur flüchtig den Marmor von Melos und die münchener Terracotte, so wird uns unser Empfinden über die Verschiedenheit der beiden Bildungen nicht lange im Unklaren lassen. Um uns aber die Unterschiede wirklich zum Bewusstsein zu bringen, werden wir von einigen allgemeinen Betrachtungen ausgehen müssen.

Den griechischen Götteridealen liegen grosse und bedeutende, aber einfache Ideen zu Grunde. Zeus ist König und Vater: das sind scheinbar zwei Eigenschaften, die aber auf eine gemeinsame Wurzel zurückgehen. Er ist Vater und als solcher mild, liebreich, freundlich und wohlgesinnt. Aber als Haupt der Familie, des Stammes, als König des Volkes muss ihm die nötige Autorität zur Seite stehen; er muss zugleich befehlen, herrschen, strafen können. Dass sich in dem Terracottakopfe beide Eigenschaften vereinigt finden, wird niemand in Abrede stellen. Dürfen wir aber das Gleiche für den Marmorkopf von Melos behaupten? Gewiss fesselt er uns sofort durch den Ausdruck unsäglicher Milde und Freundlichkeit, die auch der Würde keineswegs entbehrt. Aber besitzt er auch diejenige Autorität, deren ein Vater, ein König nicht selten bedarf? Die Autorität dieses Mannes reicht wohl nicht weiter, als die eines liebenswürdigen Hausfreundes, dem in der Familie auch ohne die Bande der Blutsverwandtschaft etwa die Stellung eines Onkels zu Teil wird, der sich eine gewisse Autorität mehr durch Überredung, als durch wirkliches Befehlen zu sichern versteht.

Von dieser Verschiedenheit des Gesamteindruckes mögen wir ausgehen, wenn wir jetzt versuchen wollen, uns von den Formen im Einzelnen Rechenschaft abzulegen. Über das Ideal des Zeus sind wir jetzt genügend unterrichtet, um bestimmt aussprechen zu können, dass die beiden zur Vergleichung herbeigezogenen Zeusköpfe nicht als direkte Nachbildungen der Schöpfung des Phidias bezeichnet werden dürfen. Aber so stark sich in ihnen die Anschauungen einer jüngeren Zeit durch eine veränderte Stimmung und mancherlei auf derselben beruhende Umbildungen geltend machen mögen, so sind sie doch von dem Ideal des Phidias abgeleitet, und es muss uns daher gestattet sein, auch hier die bekannte Erzählung zum Ausgangspunkte zu nehmen, derzufolge Phidias bei seiner Schöpfung die Schilderung im Auge gehabt haben soll, welche Homer von der Begegnung des Gottes mit Thetis im ersten Gesange der Ilias entwirft. Thetis bittet (v. 514) den Zeus:

> Ohne Falsch verheisse mir jetzt und winke Gewährung
> Oder verweigere mir's!

> Νημερτὲς μὲν δή μοι ὑπόσχεο καὶ κατάνευσον,
> ἢ ἀπόειπ'.

Und Zeus gewährt die Bitte (v. 528):

Also sprach, und winkte mit schwärzlichen Brauen Kronion;
Und die ambrosischen Locken des Königes wallten ihm vorwärts
Von dem unsterblichen Haupt; es erbebten die Höh'n des Olympos.

Ἦ, καὶ κυανέῃσιν ἐπ' ὀφρύσι νεῦσε Κρονίων·
ἀμβρόσιαι δ' ἄρα χαῖται ἐπερρώσαντο ἄνακτος
κρατὸς ἀπ' ἀθανάτοιο· μέγαν δ' ἐλέλιξεν Ὄλυμπον.

In vollster Klarheit und Bestimmtheit spricht sich hier aus die Gewährung der Bitte in Verbindung mit dem Ausdrucke der gewaltigsten königlichen Macht: mit den Augenbrauen winkte, nickte Kronion. Aber die Augenbrauen als solche stellte die ältere Plastik nicht dar. Sie musste also einen anderen Ausgangspunkt suchen, und was lag hier näher, als das Auge selbst, das durch die Beschattung der Brauen erst seinen bestimmten Ausdruck erhält? Aber wie vermögen wir uns in Worten Rechenschaft zu geben von den Formen des Auges, deren schliesslich der Künstler doch bedarf, um seinen Gedanken Ausdruck zu verleihen? Aus den bisherigen Versuchen formaler Analyse hat sich uns bereits eine gewisse Methode der Betrachtungsweise herausgebildet, die je länger desto mehr auf die elementarsten Grundlagen einer Formenlehre zurückweist, um dadurch einem bloss subjectiven Empfinden bestimmte Schranken zu ziehen. Gewiss kann es nun nicht wohl eine einfachere Voraussetzung geben, als wenn wir sagen, dass das Auge oder, genauer gesagt, der Augapfel ein Körper ist, ein Körper, wie alle Körper, von drei Dimensionen, die sich nach der Länge, Breite und Höhe durch die gegenseitige Stellung ihrer Axen fest bestimmen lassen. Betrachten wir jetzt das Auge des Zeus, so werden wir als charakteristisch für dasselbe finden, dass in der Profilansicht die verticale Axe in ihrer oberen Spitze stark nach vorn geneigt erscheint. Die horizontale Axe dagegen, welche, durch die äusseren und inneren Augenwinkel bestimmt, der Rundung des Kopfes entsprechend meist einen flachen Bogen bildet, erscheint hier nach der Mitte, d. h. gegen die inneren Augenwinkel zu, fast wie einwärts gedrückt, sodass sie so ziemlich eine ganz gerade Linie bildet. Während endlich die unteren Augenlider etwas nach aussen gesenkt und angespannt sind, drängt der Bogen der oberen mehr nach innen, so dass die Sehaxen convergieren und der etwas geneigte Blick leise nach innen schielt. Die geistige Bedeutung dieser Grundformen lässt sich nicht besser klar machen, als durch den Gegensatz, in welchem zu dem Wesen des Zeus der an die Stelle des Pluton getretene Serapis steht, der Unterweltgott, der keine Bitte gewährt, ja seiner Natur nach nicht zu gewähren vermag. Bei ihm bildet die verticale Axe des Auges und im Zusammenhange damit die gesammte Haltung des Kopfes eine senkrechte Linie, die Queraxe eine ebenso unbewegte Horizontale. Die Sehaxe aber convergiert nicht und der Blick ist nicht etwa sanft geneigt, sondern vielmehr starr nach oben gerichtet: ἀνανεύει, er winkt nach oben, winkt ab, verneint mit einer Bewegung des Auges, welche die gleiche Bedeutung in der Zeichensprache der Neapolitaner noch heute bewahrt hat. Zeus dagegen erfüllt die Bitte der Thetis, κατανεύει, er blickt gnädig auf sie herab, er winkt, nickt Gewährung. So hätte also die väterliche Seite der Zeusidee in dieser Bildung des Auges ihren völlig entsprechenden Ausdruck gewonnen.

Aber in den homerischen Worten spricht sich nicht weniger die Majestät der Herrschergewalt des Gottes aus. Den Sitz derselben hat der Künstler in die Stirn verlegt, die stark nach vorn gewölbt ist und energisch nach vorn drängt. Aber ist nicht auch bei einem Widder die Stirn stark und kräftig gebaut, überhaupt der ausgesprochen kräftigste Teil, in dem die Energie dieses Tieres ihren Sitz hat? Und hat nicht die griechische Kunst in dem Zeus Ammon sogar einen Zeus mit dem Attribut der Widderhörner geschaffen? Allerdings, aber nicht als ein Bild geistiger Erhabenheit und Majestät. Denn beim Widder ist die Basis der Stirn schmal; sie spitzt sich keilförmig nach vorn und die Augen stehen schräg gegen die Mitte zu; alles vereinigt sich zu einem Bilde physischer Kraft verbunden mit einem starken Zuge sinnlicher Potenz. Bei Zeus dagegen ist die Gestaltung der Stirn bedingt durch die Formen und durch die Stellung der Augen. Die Lider treten in starker Rundung nach aussen, aber von der Seite lasten auf ihnen die vollen Augendeckel und üben auf sie einen Druck, wie um das Auge nach innen zu drängen. Sie schützen und beschatten es, damit sich der Blick nach der Mitte ruhig sammeln kann. Diese Bildung der Augendeckel bedingt aber ferner, dass am Stirnbein der Oberaugenhöhlenrand in scharf ausgeprägter Form hervortritt als eine breite Basis für die gesamte Stirn, auf der sich die voll ausgebildete Stirnhöhle harmonisch zu entwickeln vermag. Nicht sowohl an sich tritt dieselbe in besonderer Stärke hervor; wohl aber erhöht sich ihre Bedeutung durch ihr Verhältnis zu den inneren Augenwinkeln. Hier ist es, wo die milde Freundlichkeit des Blickes und die vorwärtsstrebende Energie des in der Stirn vorhandenen Geistes einander begegnen: eine Energie, welche sogar den zu einer einzigen Senkrechten vereinigten Umriss von Stirn und Nase an dem sogenannten griechischen Profil hier als eine leise nach aussen gebogenen Linie erscheinen lässt. Nach oben, wo über der eigentlichen Stirnhöhle in der Wirklichkeit eine horizontale Teilung eintritt, lässt begreiflicherweise diese energische Spannung nach vorn etwas nach, setzt sich aber in veränderter Richtung weiter fort in dem energischen Wachstum der Haare. Die ambrosischen Locken, welche der Dichter vorwärts wallen lässt, steigen in dem Kopfe von Otricoli auf der Höhe der Stirn steil an, in dem Terracottakopf treten sie hier reicher und voller hervor, teilen sich in der Mitte und fallen in starkgelockten Massen zu beiden Seiten herab, und wie der untere Teil der Stirn sich abschliessend und schützend über den Augen wölbt, so wird in entsprechender Weise der obere Teil durch das Gewicht der Locken

Terracottakopf des Zeus in München, Seitenansicht

umkränzt und umschattet. Nach unten entspricht den seitlich stark hervortretenden Oberaugenhöhlenrändern die Betonung der Backenknochen, durch welche die Vorderansicht des Gesichtes den Charakter kräftiger Breite gewinnt, indem die Seitenflächen der Wangen sich von ihr in starker Biegung absetzen. Wie aber der vordere Teil der Stirn sich aus der Umrahmung des Lockenhauptes heraushebt, ebenso tritt der Mund aus der Umgebung des Bartes hervor. Es ist hier ein besonders feiner Zug, dass die leise gehobene und nach vorn zugespitzte Oberlippe in ihrer Mitte nicht vom Barte bedeckt ist· erst nach den beiden Seiten

TAF. X.

ZEUS

spriesst derselbe kräftig hervor und überschattet und verdeckt halb die Mundwinkel, gerade so wie im oberen Teile die Augendeckel ihren Schatten über die äusseren Augenwinkel werfen. Und wie über der Stirn das Haar sich teilt, aufstrebt und nach vorn herabfällt, so quillt unten der Bart an den Kinnbacken voll und kräftig hervor, strebt von beiden Seiten nach der Mitte, wo er sich scharf teilt und uns die Gestalt des Kinns in seiner bestimmt charakterisierten Form nicht eigentlich zeigt, aber doch mit hinlänglicher Deutlichkeit ahnen lässt. Wie wenig in dieser Teilung des Bartes nur eine zufällige und äusserliche Anordnung zu erkennen ist, kann schon die thatsächliche Beobachtung lehren, dass sie in keiner kanonischen Zeusbildung fehlt, dass vielmehr ihr Fehlen an Köpfen, die man bisher Zeus genannt hat, als sicherer Ausgangspunkt betrachtet werden darf, um diese Benennung in Zweifel zu ziehen und schliesslich als falsch abzuweisen. Wir dürfen daher wohl behaupten, dass die normale Bildung des Zeusideals in dieser Scheidung ihren Abschluss als ein in sich organisches und harmonisches Gebilde findet.

Nachdem wir durch die Prüfung des Zeus unsern Blick geschärft, wenden wir uns jetzt zu Asklepios. Auch bei ihm werden wir von dem Auge als dem Sitze des geistigen Ausdruckes ausgehen, und uns hier den Gegensatz der beiden Ideale schon bei allgemeiner Betrachtung in voller Schärfe klar zu machen im Stande sein. Wir erkannten bereits, dass dem Asklepios nicht der Blick des Vaters oder des Königs eigen war, der gnädig gewährt, aber auch versagen und strafen kann. Wir verglichen den Gott dem Hausfreunde: ein solcher aber ist oder soll seiner ganzen Stellung nach der Arzt sein. In grossen Nöten des Lebens ist allerdings Zeus der höchste Helfer und Erretter. Bei Krankheit und kleineren Leiden liegt es näher, Rat und Hilfe bei dem befreundeten Arzte zu suchen; ihm fühlt sich der Mensch näher, als der höchsten Gottheit, und aus diesem Verhältnis erklärt es sich, dass unter den uns erhaltenen Denkmälern die Bilder des Asklepios häufiger sind als die des Zeus. Betrachten wir jetzt den melischen Kopf, so tritt uns an ihm der Blick des Arztes entgegen, wie er die einzelnen Erscheinungen einer Krankheit beobachtet, wie er dann das Auge von dem Gegenstande seiner Beobachtung weg etwas nach oben ins Unbestimmte richtet, dort seine Gedanken zu sammeln scheint, um aus den einzelnen Symptomen das Wesen des Übels zu erkennen und auf Grund dieser Erkenntnis die Mittel der

Heilung zu finden. Gerade das etwas Unbestimmte, nicht Fixierende des Blickes ist charakteristisch; denn weit mehr als das äussere, materielle Auge soll das innere sehen und erkennen. Deshalb ist der Augapfel wenig gerundet; die inneren Augenwinkel sind nicht scharf angezogen oder wie beim Zeus fast eingedrückt, die Augäpfel nicht in ihrer Stellung gegeneinander geneigt; die Queraxe bildet eine horizontale, wenig bewegte und von einer geraden kaum abweichende, nur wenig nach aussen gebogene Linie. In der Profilansicht aber verschwindet durchaus die starke Neigung der Verticalaxe nach vorn; nicht nach unten neigt sich das Auge, sondern es steht ruhig und gerade, vielmehr mit dem Blicke nach oben gerichtet. Das obere Augenlid ist nicht scharf unterschnitten, so dass es den Augapfel beschattet, sondern es öffnet sich nach oben, wie um reichliches Licht in das Auge fallen zu lassen. Die innere Sammlung aber findet ihren formalen Ausdruck darin, dass beide Augen nahe aneinandergerückt sind, so dass der Nasenrücken zwischen ihnen sogar eine auffallend dünne Zwischenwand bildet und die Blicke beider Augen materiell einander angenähert erscheinen.

Gerade dieser Punkt der Sammlung aber ist es, der nun wieder wie von einem Centrum nach aussen auf die gesamte Gestaltung des übrigen Formensystems entschieden einwirkt. Wie bei Hephaestos die breite Stellung der Augen in nächster Beziehung zur Breite des Nackens und weiter zur Breite der Gesamtanlage des Kopfes steht, so verlangt hier die Schmalheit des Nasenrückens, wenn die allgemeine Harmonie der Formen nicht gestört werden soll, dass in der gesamten Voderansicht des Gesichtes die Tendenz nach einer nicht runden, sondern mehr schmalen oder richtiger nach einer entschieden ovalen Bildung zur Geltung gelangen. Bei der Hebung des Auges und des Blickes können sodann die Augenbrauen nicht tief gegen die Mitte herabgezogen sein und einen tiefen Schatten nach unten werfen; und doch verlangt wieder der Blick den Ausdruck der Tiefe, die nur gewonnen werden konnte, indem sich der Ansatz der Stirn und der Nasenrücken stark und steil von der Querachse der Augen und den innern Augenwinkeln abheben. So entstehen die schönen Formen der schlanken Nase und der nach vorn gewölbten Stirn, die, ohne auf den Augen zu lasten, frei und leicht hervortritt und seitwärts stark abfällt. So kann sich auch der Oberaugenhöhlenrand verhältnismässig wenig nach der Seite entwickeln, gerade nur so weit, als bei der zusammengerückten

Stellung der Augen nötig ist, um diesen den natürlichen Schutz zu verleihen, der ihnen von unten her durch den in entsprechendem Masse nur wenig hervortretenden Backenknochen zuteil wird. Diese freie und klare Stirn aber wird von schönem Haar nicht sowohl beschattet als umkränzt. Wohl steigt es über der Stirn ähnlich wie bei Zeus empor und teilt sich in der Mitte; jedoch etwas kürzer geschnitten und weicher von Natur strebt es weniger energisch nach vorwärts, sondern fällt unmerklich nach rückwärts, um dadurch das freie Hervortreten der Stirn nur noch schärfer zu markieren. Schliesslich aber wollen wir nicht vergessen, dass, wie eine Reihe von Löchern und Metallstiften beweist, zu weiterm Schmuck ein Kranz, vermutlich ein Lorbeerkranz, hinter den Stirnlocken hinzugefügt war, dessen leichte, nach der Mitte emporstrebende Blätter nicht nur den Eindruck des schlanken Gesichtsovales erhöhen, sondern das Gesamtbild, man möchte sagen, in freundlichem Glanze erstrahlen liessen.

Zu voller abschliessender Entwickelung gelangt indessen dieses ganze System der Formen erst in dem untern Teile des Gesichts, namentlich in der besonderen Bildung des Mundes. Es ist ein eigentümliches, aber wohl kaum zufälliges Zusammentreffen, dass in dem Bildnisse des berühmtesten der griechischen Ärzte, des Hippokrates, wie es uns in dem, ausser etwa von E. Braun (Museen und Ruinen Roms, S. 653), noch nicht genügend gewürdigten Hermenkopfe der Villa Albani vorliegt, die Oberlippe leicht gehoben und angezogen ist, so dass unter ihr sogar die Zähne sichtbar werden. Es spricht sich darin nicht nur die lächelnde Freundlichkeit aus, mit welcher der Arzt dem Kranken naht, sondern es liegt zugleich in diesen Formen ein Zug scharfer sinnender, auf einen bestimmten Punkt gerichteten Beobachtung, auf dessen Ergründung für einen besonderen Zweck die nächste Absicht des Beobachtenden abzielt. Ganz in derselben Weise ist nun auch der Mund des Asklepios leicht geöffnet und die Oberlippe etwas angezogen, so dass auch hier im Innern eine Andeutung der Zähne sichtbar wird und der gleiche Zug von Freundlichkeit und sinnender Beobachtung hervortritt. Dass aber solche Feinheiten gerade für den Ausdruck der Physiognomie eines Arztes besonders bezeichnend sind, habe ich im Leben mehr als einmal zu beobachten Gelegenheit gehabt. Dabei ist der Mund in der ganzen Anlage schmal, die Oberlippe nach vorn zugespitzt, die Unterlippe weich gerundet vortretend, so dass das Grundwesen des gesamten Kopfes, wie es sich in dem oberen Teile durch die Verbindung der vortretenden Stirn, des feinen Nasenrückens und des sinnenden Blickes ausdrückt, hier gewissermassen reproduciert wird. Selbst der Bart, zunächst der Schnurbart, bildet eine analoge Umrahmung des Mundes, wie über der Stirn das Haar. Nicht wie bei Zeus spriesst er erst seitwärts neben den Nasenflügeln energisch hervor, sondern er bedeckt weich die ganze Oberlippe und folgt ihrer Form, lässt sodann den Mund in seiner Feinheit und Schmalheit hervortreten und leitet weiter den Blick zu dem Kinn über, das gleichfalls nicht unter dem Bart versteckt ist. Wohl bedeckt es der Bart, aber nicht geteilt wie beim Zeus lässt er die Form desselben nicht nur ahnen, sondern als Abschluss des edeln Profils der Stirn und der Nase in feiner Rundung bestimmt hervortreten. Auch der Vollbart umkleidet die Wangen; er umhüllt sie in mässiger Fülle mit mehr weichen und schmiegsamen als gelockerten und gekräuselten Lockenschichten; nur unter dem Kinn entwickelt er sich reicher und selbständiger. Hier klingt das Längliche des ganzen Gesichtes noch nach und erhält hier seinen harmonischen, organischen Abschluss: wie über der Stirn das Haar nach beiden Seiten sich teilt, so tritt auch hier, aber auch nur erst hier, nicht wie bei Zeus vor der Fläche des Kinns, sondern erst unterhalb desselben eine Doppelteilung der Hauptmassen ein.

Blicken wir jetzt auf das Ganze der bisherigen Erörterungen über die Köpfe der beiden Gottheiten, des Asklepios nicht weniger, wie des Zeus: in beiden haben wir Idealbildungen erkannt, Bildungen, die sich von einer Idee, einem bestimmten gegebenen Grundtone aus, gleich einer Melodie aus einem einheitlichen Grundmotiv, organisch zu vollster Harmonie entwickeln. Aber während beim ersten Blicke beide Köpfe eine gewisse Verwandtschaft zu verraten scheinen, erwies sich diese bald als nur äusserlicher und oberflächlicher Art: beide sind schöne, würdige bärtige Männer. Bei näherer Betrachtung machte sich dagegen eine tief innerliche Verschiedenheit immer entschiedener geltend. Wie aus zwei verschiedenen Grundtönen sich zwei verschiedene Accorde entwickeln, so musste schliesslich die besondere in der Idee gegebene Grundform bei jedem der beiden Köpfe auch in jeder einzelnen Form zur Geltung gelangen, mussten aus zwei verschiedenen Grundformen auch zwei in ihrem Wesen durchaus verschiedene Ideale erwachsen.

Wir fanden, dass Zeus zwar gnädig gewährend mit dem Auge winkt und nickt, aber wir werden jetzt, wo unser Blick durch den

Gegensatz geschärft ist, noch bestimmter als früher betonen müssen, dass er gewährt nicht aus milder Nachgiebigkeit, aus Schwäche, sondern als gewaltiger Herrscher, der ebenso zu zürnen, zu versagen, zu strafen, der in seinem Zorn auch den Olymp zu erschüttern versteht: es ist die gewaltigste Energie, die von den inneren Augenwinkeln als den tiefstgelegenen festen Punkten überall nach vorwärts drängt, ein Charakter, der Gnaden zu gewähren, aber auch jeden Widerstand zu brechen vermag, der vor allem strengen Gehorsam für seine Befehle fordert und zu erzwingen imstande ist. Asklepios will nicht befehlen, sondern überreden. Auch er verlangt, dass seine Weisungen erfüllt werden; aber sie sind keine Befehle, deren Erfüllung durch eine äussere Autorität erzwungen werden soll. Er naht dem Kranken mit Teilnahme, mit Freundlichkeit, er erkundet mit Liebe und Sorgfalt jedes Übel, forscht nach seinen Gründen, er ermahnt, tröstet, giebt Hoffnung; er strebt, dass seine Autorität aus innerer Überzeugung, weil eine heilsame, freiwillig anerkannt werde. Hier ist also kein Zug von Strenge, von Herbigkeit: ein Zug von Milde und Freundlichkeit übergiesst das Ganze; und ich wüsste die Gesamtwirkung kaum besser zu schildern, als mit den Worten eines späten, von vielen verachteten Griechen, der aber hier vielleicht nur die Charakteristik eines feinen Beobachters der besten Zeit wiedergiebt. Kallistratos (10) sagt von dem Gotte: Das Auge voll keuscher Reinheit und wohlwollender Milde schlägt er auf, und es leuchtet daraus hervor eine unsägliche Tiefe von Würdigkeit und sittlichem Adel: πάναγνον καὶ ἵλεων ἀνακινοῦν ὄμμα, βάθος ἄφραστον ὑπαστράπτει σεμνότητος αἰδοῖ μιγείσης.

Ich könnte hier schliessen. Doch mag es mir gestattet sein, noch eine weitere Frage hier aufzuwerfen und an einem Beispiele kurz zu beantworten. Wenn uns die griechischen Idealbildungen, wie wir gesehen, ein so streng abgeschlossenes System von Linien und Formen zeigen, dass keine aus dem Ganzen herausgenommen und durch eine andere ersetzt werden kann, ohne die Harmonie dieses Ganzen in hohem Grade zu gefährden oder geradezu zu zerstören, sind dadurch nicht der Freiheit des Künstlers die drückendsten Fesseln angelegt? wird, sobald einmal das Ideal eines Gottes gewissermassen kanonisch festgestellt ist, nicht jeder nachfolgende Künstler geradezu zum Copisten herabgesetzt? Keineswegs! Denken wir nur an die Musik, welche aus einem gegebenen Thema durch Veränderung des Tempo, des Rhythmus, der Tonweise u. s. w. eine Reihe von Variationen zu entwickeln versteht. Ganz dasselbe vermag die bildende Kunst: auch sie ist imstande, das Grundthema in einen anderen Rythmus, eine andere Klangweise zu übertragen, und die neue Bildung wird eine ebenso ideale Geltung haben, wie die frühere, vorausgesetzt, dass der neue Rhythmus ebenso organisch und harmonisch entwickelt ist, wie der frühere.

Zum Beweise mag hier noch ein Marmorkopf kurz betrachtet werden, der wie der Asklepios von Melos im britischen Museum aufbewahrt wird. Man hat ihn bis jetzt Zeus genannt, aber da man wohl empfand, dass er von dem gewöhnlichen Typus bedeutend abweicht, ihn wegen seines milden, gütigen Ausdruckes von diesem durch den Beinamen als Zeus Meilichios zu unterscheiden gesucht. Aber achten wir nur auf die Stellung und Form der Augen, auf die Form der Stirn und ihr Verhältnis zu den Backenknochen, auf Bart und Kinn, so werden wir von den bestimmenden und für Zeus entscheidenden Formen auch keine einzige wiederfinden. Wenn ich nun behaupte, es sei ein Asklepios, so sehe ich wohl ein, dass ich dem Beschauer einen Moment der Überlegung gönnen muss, um mich seiner Zustimmung zu versichern. Der Mann ist älter genommen; die Jahre fangen an, auf ihm zu lasten; der Nacken ist leicht gebeugt, ja ich möchte sagen, der Kopf ist etwas in sich zusammengedrückt und dadurch breiter geworden. Vor allem mögen wir auf das Auge und den Blick achten. Nicht rundlich, sondern oval, mandelförmig ist es geöffnet; der Blick ist nicht nach unten gerichtet und convergierend, sondern gehoben, wie ausdrücklich durch die Markierung der Augensterne angedeutet ist. Der Kopf ist zwar etwas gesenkt, aber der Blick ist derselbe nachdenklich erhobene, überlegende, wie bei Asklepios. Jetzt werden wir auch erkennen, wie die Stirn in ähnlicher Weise, wenn auch gemässigt in der Mitte vorgebaut ist, wie die Flächen der Schläfe, die Seitenflächen der Wangen sich nicht in fast rechtem Winkel von der Vorderfläche des Gesichtes absetzen, sondern wie bei Asklepios in mehr gerundeter Form gegen das Ohr hin verlaufen. Auch die Locken über der Stirn sind in ihrem Schnitte dieselben und fallen in gleicher Länge, nicht so lang, wie bei Zeus bis auf die Schultern, und nicht nach vorwärts, herab. Am Munde ist es namentlich die weiche, in der Mitte geteilte Unterlippe und der in diese Scheidung sich einsetzende Zipfel der Oberlippe, die wieder an den melischen Kopf des Asklepios erinnert, ebenso der Schnurbart, der die Oberlippe bedeckt, den Mund umsäumt und das Kinn in seiner vollen Form hervortreten lässt; nur der beiden getrennten Haarpartien unter demselben bedurfte es wegen der breiten Gesamtanlage des Kopfes nicht weiter. Genug, bei vielen scheinbaren und wirklichen Verschiedenheiten lässt sich doch eine Reihe von wichtigen Übereinstimmungen nicht verkennen. Die

Asklepioskopf in London

Verschiedenheiten aber möchte ich bezeichnen als Verschiedenheiten nicht des Grundwesens, sondern der Grundstimmung, die in erster Linie bedingt ist durch die Verschiedenheit des Lebensalters. Ich möchte sagen: hier haben wir es zu thun mit dem vorzugsweise praktischen Arzte, dem Hausarzte vom Lande, der halb zur Familie gehört, der auch den kleinen Leiden Liebe und Sorgfalt zuwendet. Den melischen Kopf dagegen könnten wir bezeichnen als den genialen Director einer grossen Klinik: für ihn sind vorzugsweise die »schönen« Fälle, die durch neue verwickelte Erscheinungen für den Kranken besonders gefahrdrohend, für den wissenschaftlichen Arzt besonders lehrreich sind. Hier kann er die Schärfe seines Blickes, die Genialität seiner Combinationen zeigen, welche über die gewöhnliche Praxis hinaus auch neue Heilmethoden findet. Wenn wir bei aussergewöhnlich schwierigen Fällen diesen genialen Mann zur Consultation zu berufen nicht versäumen werden, so werden wir doch bei gewöhnlichen Krankheiten, die einer ruhigen und sorgfältigen Pflege bedürfen, den alten Praktiker keineswegs verwerfen, ja ihm vielleicht den Vorzug zuerkennen. Aber auch in der Kunst werden wir uns den einen, wie den andern gefallen lassen. Beide sind Ärzte; aber die Kunst hat es verstanden, auf der Basis genereller Gemeinsamkeit den speciellen Charakter jedes einzelnen vollkommen harmonisch zu entwickeln; und wenn wir also hier erkennen, dass die griechische Kunst in der verschiedenartigen Entwicklung eines und desselben Grundthemas sich ihre volle Selbstständigkeit zu bewahren wusste, so werden wir auch zugeben müssen, dass sie nicht einseitig eine rein formale Schönheit als höchstes Ziel und als Selbstzweck ins Auge fasste, sondern dass ihr die Form als Trägerin geistigen Ausdruckes nur die Mittel für die höchsten Zwecke idealen Schaffens zu bieten bestimmt war.